철학을 위한 선언

MANIFESTE POUR LA PHILOSOPHIE
by Alain Badiou

우리 시대의 새로운
프런티어 21
지적 대안 담론

철학을 위한 선언

알랭 바디우 지음 · 서용순 옮김

도서출판 길

지은이 **알랭 바디우**(Alain Badiou, 1937~)는 모로코의 라바(Rabat)에서 태어났다. 프랑스 파리고등사범학교 출신으로 젊은 시절에는 사르트르주의자였고, 이후 알튀세르의 작업에 참여하여 1968년 과학자를 위한 철학 강의에서 '모델의 개념'이라는 제목으로 강연을 하기도 했다. 그러다 68년 5월 혁명 이후 확고한 마오주의 노선을 취하며 알튀세르와 결별했고, 1970년대 내내 마오주의 운동에 투신했다. 하지만 이후 프랑스에서 마오주의 운동이 쇠락하자 다른 정치적, 철학적 대안을 찾고자 노력한다. 마침내 바디우는 1988년 『존재와 사건』을 출판하여 철학의 새로운 전망을 열었고, 이후 2006년에 『존재와 사건』의 2부인 『세계의 논리』를 출간하고, 2018년에는 3부인 『진리들의 내재성』을 내놓음으로써 그의 진리 철학에 방점을 찍는다. 또한 그는 정치적 투사로서 2000년 이후 중요한 정치적 사안에 개입하여 신자유주의 정치를 신랄하게 비판하는 한편, '당 없는 정치'를 주창하며 의회민주주의에 대한 가장 근본적인 비판을 수행하고 있다. 이러한 정치적 개입은 『정황들』 연작 등에서 확인할 수 있다. 파리8대학 교수로 재직했고, 1999년부터 파리고등사범학교 교수로 활동했으며, 2002년에는 고등사범학교 부설 프랑스현대철학연구소를 창설했다. 현재는 미국과 영국 등지에서 활발한 강연 활동을 하고 있으며 프랑스현대철학연구소의 소장 직을 맡고 있다. 지은 책으로는 『철학을 위한 선언』, 『수와 수들』, 『조건들』, 『윤리학』, 『사도 바울』, 『세기』, 『유한과 무한』, 『투사를 위한 철학』, 『철학과 사건』, 『행복의 형이상학』, 『참된 삶』 등이 있다.

옮긴이 **서용순**(徐鏞淳)은 프랑스에서 알랭 바디우의 지도로 박사 학위를 받았다. 2005년에 귀국하여 바디우의 저작을 다수 번역하여 그의 진리철학을 소개한 바 있다. 바디우의 철학을 바탕으로 한국 사회의 정치·문화적 난맥상에 대한 연구를 진행하고 있다. 현재 성균관대학교 대학원 비교문화협동과정, 한국예술종합학교 예술교양학부에서 강의하고 있다. 바디우의 『투사를 위한 철학』, 『철학과 사건』, 『반역은 옳다』, 『베케트에 대하여』를 우리말로 번역했고, 「철학의 조건으로서의 정치」, 「'세계화된 세계'의 정치에 대한 소고」, 「바디우 철학에서의 존재, 진리, 주체」, 「예술의 모더니티와 바디우의 비미학적 사유」 등 다수의 논문을 집필했다.

우리 시대의 새로운
프런티어21
지적 대안 담론 ⑪

철학을 위한 선언

2010년 8월 10일 제1판 제1쇄 펴냄
2014년 3월 31일 제1판 제2쇄 펴냄

2022년 10월 15일 제1판 제3쇄 찍음
2022년 10월 25일 제1판 제3쇄 펴냄

지은이 | 알랭 바디우
옮긴이 | 서용순
펴낸이 | 박우정

기획 | 이승우
편집 | 천정은

펴낸곳 | 도서출판 길
주소 | 06032 서울 강남구 도산대로 25길 16 우리빌딩 201호
전화 | 02) 595-3153 팩스 | 02) 595-3165
등록 | 1997년 6월 17일 제113호

ISBN 978-89-6445-014-7 93160

| 해제 |

바디우 철학의 흐름과 『철학을 위한 선언』의 지위

알랭 바디우(Alain Badiou)의 『철학을 위한 선언』(*Manifeste pour la philosophie*)은 오늘날 어떤 의미가 있는가? 이 책이 처음 세상에 나왔던 1989년과 오늘의 상황은 크게 다르다. 그것은 바디우의 사유에 있어서도 그러하고, 세계 정세에 있어서도 그러하다. 바디우는 『존재와 사건』(*L'être et l'événement*, 1988)을 출간한 후에야 본격적으로 주목받기 시작했다. 이른바 포스트-근대의 철학이 각광받던 1960~70년대에 그는 프랑스를 제외한 서구의 나머지 나라에서는 거의 알려지지 않은 마오주의 철학자였다. 그러나 오늘날 바디우는 생존하고 있는 프랑스 최고의 철학자로 인정받고 있으며, 프랑스는 물론 영미권에서도 각광받는 세계적인 명성을 누리고 있다. 실제로 1988년 이후 20년 동안 바디우는 지치지 않는 철학적 열정을 보여주었고, 오늘날의 명성은 그에 따른 정당한 반향일 뿐이라고 말해야 할 것이다. 세계 정세 또한 변화하였다. 이 작은 책이 출판될 당시의 세계는 현실 사회주의 국가의 몰락이라는 거대한 변화의 시기를 통과하고 있었다. 그리고 그로부터 20여 년 뒤, 오늘날의 세계는 '현실 사회주의 국가'가 완전히 몰락한 후 신자유주의의 전 지구적 지배가 관철되는 과정의 끄트머리에 있다.

20년 이래에 일어난 이런 근본적인 변화를 마주하여 이 작은 책의 번역이 어떤 의미를 가진다고 말해야 할 것인가? 『철학을 위한 선언』은 현재적 관점에서 과연 어떤 의미를 가지는가? 그 많은 변화들에도 불구하고 이 저작이 여전히 우리에게 유효한 이유는 무엇인가? 분명 바디우의 철학은 크게 진전했고, 세계의 정세는 변화하였다. 어느덧 바디우는 『철학을 위한 두 번째 선언』(*Second manifeste pour la philosophie*, 2009)을 출간하였고, 현실 사회주의 그리고 유토피아의 관념은 이제 오랜 꿈으로만 기억되고 있다. 이제 막 『철학을 위한 선언』의 번역을 마친 나는 오늘 바디우 철학의 변화와 관련하여 이 작은 책에 대해 이야기하려 한다. 그러나 이 해제는 결코 『철학을 위한 선언』에 대한 단순한 해설에 그치지는 않을 것이다. 나는 우선 바디우가 걸어온 철학적 여정을 연대기의 형식으로 소개하고자 한다. 주로 그가 집필한 철학적이고 정치적인 저작을 중심으로 그의 철학적 입장이 어떤 경로를 거쳐 발전해 왔는가를 보여줄 것이다. 그리고 이어 두 번째 부분에서는 『철학을 위한 선언』의 몇몇 쟁점에 대해 논의할 것이다. 이 부분에서는 주로 바디우의 시도들이 어떤 철학적 정세에 개입하는지, 그 개입이 어떤 효과를 불러일으키는지에 주목하고자 한다.

특히 나는 바디우의 지적 연대기를 통해 독자들이 그의 문제의식이 발전해 온 경로와 그의 뿌리 깊은 실천적 적극성을 파악하기를 기대한다. 그는 일흔이 넘은 오늘날까지도 정치적 충실성을 잃지 않고 있다.

그의 철학은 변화를 갈망하고 해방을 추구하는 지적인 성실성이 만들어낸 최고의 성과물이다. 『철학을 위한 선언』은 이러한 그의 철학의 한가운데에 위치한 저작이다. 바디우에 대한 비교적 장황한 지적 연대기가 도움이 되는 것은 바로 그러한 이유에서일 것이다.

『모델의 개념』에서 『공산주의적 가설』까지 —바디우의 지적 연대기

바디우는 누구인가? 그는 1937년 모로코의 라바(Rabat)에서 태어난 프랑스인이다. 레지스탕스 운동에 참여하고 후일 툴루즈 시장까지 지냈던 아버지를 따라 프랑스에 온 바디우는 프랑스 국립고등사범학교를 졸업하고 같은 학교에서 강의를 시작하였다. 1960년대 초반의 바디우는 장 폴 사르트르(Jean Paul Sartre)의 영향을 강하게 받은 청년이었다. 그 후 그는 루이 알튀세르(Louis Althusser)의 영향을 받았고, 과학적 마르크스주의라는 알튀세르적 노선에 경도되었다. 그는 1967년 「변증법적 유물론의 (재)시작」이라는 논문을 통해 알튀세르의 이론적 혁신을 지지한다(그러나 이 논문에는 알튀세르의 시도를 뛰어넘는 내용 역시 포함되어 있다). 또한 그는 누구보다도 먼저 자크 라캉(Jacques Lacan)의 작업에 큰 관심을 기울이고 있었다. 알튀세르의 초청으로 라캉이 고등사범학교에서 세미나를 진행하게 된 배경에는 바디우의 강력한 추천이 있었던 것도 사실이다. 그뿐 아니라 바디우는 열렬한 마오주의자이기도 했다. 중국의 문화대혁명 이후 그는 마오쩌둥(毛澤東)이라는 가장 독특한 마르크스주의자에게 매료되었던 것이다.

그가 알튀세르가 조직한 '과학자를 위한 철학 강의'에 참여하여 '모델의 개념'(Le concept de modèle, 1969년 책으로 출간)이라는 제목으로 강의를 했던 시기는 1968년이었다. 그리고 얼마 후 프랑스에서는 5월 혁명이 일어난다. 이 미증유의 사건을 계기로 알튀세르와 바디우는 결별하게 된다. 68혁명은 프랑스 사회의 여러 영역에서 균열을 일으켰다. 그런데 그 균열은 일찍이 보지 못했던 '새로운' 균열이었다. 기성세대와 젊은 세대의 균열이라는 외양은 뒤이은 사회 전체의 균열에 비하면 국지적인 것이었다. 정치적으로 보면 그것은 결코 좌우의 대립으로 환원될 수 없는 균열이었다. 당시 좌파 정치의 선두에 있었던 프랑스공산당은 이 혁명에 공개적으로 반대하여 '일상으로의 복귀'를 주장했기 때문이다. 한마디로 이 혁명은 기존의 '사회주의' 정치 혁명과는 거리가 멀었다. 바디우는 이 혁명의 편에 선다. 반면 알튀세르는 이 혁명에 대해 미온적인 반응을 보인다. 이를 계기로 바디우는 알튀세르와 결별하고, 마오주의 운동의 핵심 인물로서 활발한 활동을 전개한다. 이 시기에 그는 『모순의 이론』(*Théorie de la contradiction*, 1975)과 『이데올로기에 대하여』(*De l'idéologie*, 1976)를 집필한다. 이 두 권의 책은 각각 알튀세르의 모순의 중층 결정 이론과 이데올로기론에 대한 마오주의적 반론이라고 할 수 있다. 특징적인 것은 이 두 권이 모두 실천의 층위와 긴밀한 연관성을 갖는다는 점이다. 우리가 특히 주목해야 할 것은 『이데올로기에 대하여』이다. 지금은 고인이 된 프랑수아 발메스(François Balmès)와 함께 집필한 이 책에서는 알튀세르 비판 이외에도 질 들뢰즈(Gilles Deleuze)에 대한 비판이 발견될 뿐만 아니라, '재현 불가능한 것'으로서의 봉기, '공산주의적 불변항' 등 바디우 고유의 개념이 처음으로 드러나기도 한다. 마오에게서 이론적 영감을 받은 이 개념들은 발전 과정 속에서 바디우 자신의 것이 되었다.

어쨌든 프랑스의 1970년대는 마오주의 운동의 시대였다. 많은 학생, 지식인들이 노동 현장과 밀접한 관계를 맺고 있었고, 일부는 노동 운동에 투신하기까지 했다. 또한 이 시대는 포스트-근대 철학의 시대이기도 했다. 1960년대 이후 프랑스 철학계를 강타한 포스트-근대의 비판은 근대 철학의 담론을 직접적으로 겨누고 있었다. 그 비판이 계속 이어지며 발전했던 1970년대 말에 마오주의 운동은 쇠락하였다. 문화대혁명은 끝났고, 프랑스의 마오주의 역시 몰락의 길로 접어들었다. 신철학자들의 등장과 미테랑주의로의 투항은 이른바 혁명적 정치 운동의 퇴각을 가속화시키는 계기로 작용하였다. 마르크스-레닌주의 그리고 마오주의로 무장한 혁명적 정치는 이제 그 숨을 거두는 것처럼 보였다. 바디우 역시 이러한 상황을 꽤 심각한 것으로 받아들였다. 혁명적 정치 자체를 포기하는 것은 고려의 대상이 될 수 없었지만, 그렇다고 이전의 입장만을 고수할 수는 없는 노릇이었다. 결국 그는 또 다른 길을 모색하게 된다. 그 최초의 모색이 바로 1982년에 출간된 『주체의 이론』(*Théorie du sujet*)이다. 이 책은 '초기 바디우'의 시기에서 '성숙기 바디우'로 가는 징검다리 역할을 한다. 바디우 고유의 철학이 그 단초를 보이는 동시에, 그 새로운 내용은 아직 과거의 틀에 사로잡혀 있었던 것이 바로 이 시기이다. 아직까지 바디우는 마르크스-레닌주의자이며 마오주의자이다. 그리고 그는 이 책에서 헤겔을 개혁하고, 라캉을 들여온다. 헤겔과 라캉에 대한 그의 지대한 관심은 오랫동안 지속된 것이었다. 마오주의 운동의 시절인 1978년 바디우는 중국 철학자 장쉬잉(張世

英)의 저작인 『헤겔 철학』의 한 장을 번역하며 헤겔에 대한 아주 독창적인 주석을 내놓았고('헤겔 변증법의 합리적 핵심'(Le Noyau rationnel de la dialectique hégelienne)이라는 제목이 붙은 이 책에는 네 사람의 이름이 보인다. 원저자인 장쉬잉과 함께 바디우, 조엘 벨라상(Joël Ballassen), 루이 모소(Louis Mossot)의 이름이 있다. 바디우는 장쉬잉의 본문에 대한 열세 개의 주석을 달았고, 나머지 두 사람은 '프랑스에서 헤겔', '중국에서의 헤겔'이라는 제목의 소개글을 썼다), 마오주의자 동료들과 함께 발행했던 간행물인 『예난 노트』(*Cahier Yenan*)에서 라캉에 대한 지속적인 작업을 수행한 바 있었다. 이제 『주체의 이론』에서의 표적은 정치적으로는 미테랑 일당과 68혁명의 배신자들(신철학자들이 그 선두에 있다)이고, 이론적으로는 진리를 부정하는 포스트-근대의 철학자들이다. 그는 포스트-근대의 비판에 맞서 변증법의 개작을 시도하면서 헤겔과 프리드리히 횔덜린(Friedrich Hölderlin)이라는 두 독일 변증론자와 스테판 말라르메(Stéphane Mallarmé)와 라캉이라는 두 프랑스 변증론자의 만남을 주선하는 한편, 데모크리토스(Democritos)의 유물론과 조우한다. 그러나 이 책은 그 이후의 방향 전환을 위한 서곡일 뿐이다. 물론 헤겔 철학에 대한 또 다른 관점을 제시한다는 점에서 이 저작은 상당히 의미가 있다. 바디우는 이 저작을 통하여 헤겔의 부정, 특히 지양 개념에서 벗어나지만 그의 헤겔 독해—대상성과 주체성을 중심으로 변증법적 분열을 부정이 아닌 구조와 역사의 분열, 장소의 논리와 힘의 논리의 분열로 풀어내는 창조적인 시도—는 이후 그의 철학적 진전에 상당한 영향을 끼쳤다.

『정치는 사유될 수 있는가』(*Peut-on penser la politique?*)는 1985년의

저작이다. 바디우는 이 책에서 당시 프랑스 철학계에서 활발히 논의되고 있던 정치철학의 경향에 대해 비판적인 논점을 제출한다. 당시 자크 데리다(Jacques Derrida)와 장-뤽 낭시(Jean-Luc Nancy)의 주도로 열린 정치철학 세미나에서 바디우는 논의의 지배적 흐름과는 정반대의 견해를 피력한다. 바디우는 (제도적 · 구조적) '정치(le politique, 정치적 심급을 가리킨다)의 퇴각'이라는 현상을 그다지 심각한 것으로 받아들이지 않는다. 그가 보기에 이 현상은 오히려 (해방적) 정치(la politique)가 다시 출현할 수 있는 계기이다. 여기서 이미 그는 『존재와 사건』에서 드러나게 될 사건의 중요성을 선취하는 동시에 제도적 정치의 주체성을 거부하는 시도를 진행하고 있다. 또한 그는 당시까지 일어났던 정치적 사건들을 열거하며 그 사건들이 마르크스주의적인 규정성에서 벗어나 있다는 점을 지속적으로 상기시킨다. 이는 정치의 위기란 회복되어야 하는 것이 아니라는 문제의식으로 연결된다. 문제는 (구조로서의) 정치적 심급을 활성화시키는 것이 아니라 그것에 구멍을 내는 해방적 정치의 실천들에 주목하는 것이다. 우리는 이 짧은 저작에서 바디우가 사건의 정치를 구상하고 그것을 자신의 무기로 만들어가는 과정을 목격한다. 이미 변화는 시작되고 있었던 것이다.

그의 진정한 이론적 전환은 물론 『존재와 사건』을 통하여 확실히 드러난다. 이 저작은 한마디로 기념비적이다. 『주체의 이론』에서도 발견할 수 있는 존재론에 대한 지대한 관심이 이 저작에서 전면적으로 드러난다. 그는 존재론을 수학과 등치시키며 현대 집합 이론을 끌어들인다. 게오르크 칸토어(Georg Cantor) 이후의 수학적 혁명에 힘입어 우리는 존재의 과학을 정립할 수 있게 되었다. 수학은 사실상 존재론이었고,

칸토어의 새로운 집합 이론 덕분에 우리는 존재의 무한에 대해 사유할 수 있게 되었다는 것이다. 그는 공집합을 존재의 고유명사라고 규정하며, 일자(一者)를 부정하는 존재론을 내놓는다. 존재하는 것은 모두 다수이다. 이 다수의 존재는 집합과 마찬가지로 공집합을 가지는데, 이것이 바로 사회-역사적 상황에서 사건이 발발하는 원인이다. (사회-역사적 상황을 지배하는) 존재의 질서 속에서 사건은 항상 상황에 내재적인 동시에 존재의 질서를 위반하는 것이다. 상황에 분명히 존재하지만 (상황상태라는) 존재의 질서 속에서는 파악되지 않는 공백들의 출현이야말로 사건의 핵심이다. 그리고 이러한 사건은 진리를 만들어낸다. 이 사건이 상황에 속하는 것이라고 선언하는 개입의 과정을 통해 진리는 상황에 유통되고, 이 사건에 충실한 주체들이 출현한다. 바디우에 따르면 이러한 사건이야말로 새로운 것의 출현을 보장하는 기제이고, 그와 동시에 진리가 생산되는 장소이다. 그리고 주체는 존재와 동일시되는 것이 아니라 '예외의 시니피앙'으로 진리에 의해 생산되는 것이다. 우리는 이러한 윤곽을 통해 진리와 주체가 모두 사건에 의존하는 것으로서, 일종의 예외성을 지닌 것이라고 추측할 수 있다. 이 모든 과정을 바디우는 19세기 말 칸토어에게서 시작해 20세기의 폴 코언(Paul Cohen)에게까지 이어지는 집합 이론을 통하여 보여준다. 집합 이론의 성립은 실로 진정한 과학적 사건이었다. 그러나 철학은 이 사건을 그 지위에 합당한 방식으로 다루지 않았다. 오랜 세월이 지난 후 바디우가 집합 이론을 존재론으로 파악한 후에야 비로소 철학은 혁신으로 나아가는 계기를 마련하게 되었다.

『존재와 사건』은 새로운 합리주의를 말한다. 이성의 전제적 지배에 대한 포스트-근대 철학의 비판은 불가역적이다. 우리는 더 이상 이성의 지배에 대한 낙관적인 확신 속에 머무르지 못하게 되었다. 이러한 비판에 마주하여 많은 철학자들은 시스템으로서의 철학을 포기하거나 예술 또는 윤리로 철학을 대체하려고 시도하였다. 그러나 바디우는 이러한 비관적 전망을 따르지 않고 또 다른 합리주의의 수립을 통해 철학을 긍정하려고 시도한다. 『존재와 사건』은 이러한 맥락에서 쓰인 책이라 해야 할 것이다. 프랑스 합리주의의 전통 속에 있는 바디우는 현대 집합 이론의 성과를 철학적으로 풀어내어 집합론을 존재론과 등치시킨다. 수학자들 자신은 몰랐지만 사실상 그것은 존재론이었다는 것이다. 바디우에게 존재론은 수학의 영역에 속한다. 그리고 그는 그 안에서 사건의 가능성을 찾는다. 사건은 수평적인 것에 대한 수직적인 개입으로, 다시 말해 구조 안에서 그 원인을 찾을 수 없는 것으로 간주되지 않는다. 사건은 상황에 내재적이다. 사회-역사적 상황이 필연적으로 포함하고 있는 공백의 구조를 바디우는 '사건의 자리'(site événementiel)라는 개념을 통해 사건의 원인으로 간주한다. 결국 바디우에게 사건은 개념화될 수 있는 것이다. 그리고 그 사건을 계기로 진리와 주체가 출현한다. 이는 철저히 수학적 존재론으로부터 도출되는 결론이다. 사건을 통하여 출현하는 다수는 명명 불가능한 '유적 다수'(multiplicité générique)로서 상황을 변화시키는 동력으로 자리 잡는 것이다. 이 모든 과정은 존재하는 것이 아닌 출현하는 것으로서의 진리와 주체를 합리적인 방식으로 설명하려는 시도인 동시에, 상황의 변화 또는 혁명적 변화의 이론적 근거를 마련하는 시도라고 말할 수 있다. 그는 마르크스가 철학의 밖에서 시도했으나 실패했던 것, 다시 말해 합리적인 것과 혁명적인 것의 통일을 다시금 철학 안에서 시도하는 것이다.

엄밀히 말하면 『존재와 사건』은 바디우의 철학을 가능하게 해주는 메타철학적인 시도라고 볼 수 있다. 그는 이 책에서 현대 집합 이론을 통해 고전적인 철학적 범주—존재, 진리, 주체—의 혁신을 꾀하고 있다. 그러나 이 책이 그의 철학적 담론을 고스란히 드러내지는 않는다. 바디우는 1989년 자신의 철학을 압축적으로 보여주는 작업을 세상에 내놓는다. 그것이 바로 『철학을 위한 선언』이다. 이 책은 '철학의 종말'이라는 당시의 철학적 정세에 대한 개입이다. 그는 철학의 종말이라는 당시의 지배적인 테마에 맞서 철학의 새로운 출발을 '선언'한다. 그러나 단지 선언만 있는 것은 아니다. 이 작은 책에서 바디우는 자신의 철학적 시스템의 주요 얼개를 보여주고 있다. 그에 따르면 철학은 과학(특히 수학), 정치, 예술, 사랑 등의 네 가지 진리 생산 절차에서 생산된 진리를 수용하는 공간이다. 이 네 가지 조건이야말로 철학이 자신의 주의를 기울이는 부분이며 상황을 변화시킬 수 있는 사유의 영역일 것이다. 나는 이 부분을 해제의 후반부에서 다시 논의할 것이다.

바디우가 1990년에 펴낸 『수와 수들』(*Le nombre et les nombres*)은 그 이론적 중요성에 비해 그다지 관심을 끌지 못하는 책이다. 바디우는 이 책에서 오늘날 우리는 수의 전제적 지배 아래 살고 있지만, 수가 무엇인지에 대한 관념은 가지고 있지 않다고 말한다. 그는 고틀로프 프레게(Gottlob Frege), 리하르트 데데킨트(Richard Dedekind), 주세페 페아노(Giuseppe Peano), 칸토어 등의 수학자들을 동원하여 수의 계보학을 보여주며 우리를 무한에 대한 사유로 안내한다. 이는 주체를 수의 전제주의로부터 벗어나게 하는 시도이다. 수의 전제주의와는 다른 수에 대한 사유를 통해 자본주의적 계산에서 벗어나는 것이 이 책의 목적이라고 할 수 있다. 같은 해에 바디우는 완전히 성격이 다른 또 한 권의 책을 쓴다. 『연극을 위한 광시곡』(*Rhapsodie pour le théâtre*)이 그것이다. 이는 종합적인 예술 장르인 연극에 대한 철학적 논고의 성격이 강하다. 주목할 만한 점은 그가 쓴 희곡인 「붉은 머플러」(L'écharpe rouge)를 직접 극으로 연출했던 앙투안 비테즈(Antoine Vitez)의 사유를 그가 폭넓게 이용하고 있다는 점이다. 프랑스 연극계의 거성이었던 비테즈를 이 책에서 만나는 일은 아주 흥미롭다.

다음 해인 1991년에는 『불투명한 재앙에 대하여』(*D'un désastre obscur*)가 출간된다. 이 소책자에서 바디우는 베를린 장벽의 붕괴와 더불어 찾아온 '공산주의의 죽음'이라는 테마를 비판한다. (현실의) 공산주의는 이미 오래전 숨을 거두었다는 것이 바디우의 진단이다. 죽음은 사건이 될 수 없을 뿐 아니라, (이미) 죽은 자의 죽음은 더더욱 사건이 아니다. 이 당시의 가장 큰 뉴스거리였던 '공산주의의 죽음'이라는 테마를 부정하고 자본주의를 포함한 모든 국가주의적 지배 장치에 반대하는 것이 이 책의 가장 큰 목적이었다. 이 저작은 무엇보다도 바디우가 아주 오래만에 구체적인 정치적 개입을 시도했다는 점에서 의미가 크다. 이때부터 그는 현실에 대한 개입을 멈추지 않는다. (언젠가 바디우의 정치적 개입을 모은 앤솔러지를 펴내는 것 역시 무척 의미 있는 작업이 될 것이다.) 1993년에 출간된 『윤리학』(*L'éthique*) 또한 비슷한 맥락의 책이다. 바디우는 그 당시 정치적 실천이 퇴조하고 정치가 반동화의 길에 접어든 현실에 개입하는 방식으로 이 책을 쓴다. 그는 이 책에서 '윤리'의 이름으로 행해지는 이른바 인권의 정치를 비판하며 그것을 서구

열강이 그 지배권을 관철하기 위해 고안해 낸 수단으로 규정한다. 그에게 진정한 인권은 '죽음을 향한 존재'라는 부정적인 규정으로부터 정의된 권리가 아니라 '불멸의 존재가 갖는 권리'이다. 이는 곧 진리에의 권리이다. 이 책이 갖는 중요성은 아주 크다. 바디우는 '윤리'라는 관념을 비판적으로 검토하면서 자신의 철학을 아주 간명하게 보여주고 있다. 바디우를 처음 접하는 사람이 반드시 읽어야 하는 중요한 저작이라고 나는 말하고 싶다.

『윤리학』이 나오기 전인 1992년에 바디우는 『조건들』(*Conditions*)을 집필한다. 바디우는 이 책에서 철학과 철학의 조건들에 대해 이야기하고 있다. 바디우는 철학에 대한 장과 더불어 수학, 정치, 예술, 사랑에 대한 장을 배치한다. 또한 철학의 조건으로 부상하고 있던 정신분석에 대한 장을 추가하는 것을 잊지 않는다. 여기서 바디우는 『존재와 사건』에서는 상세히 논의할 수 없었던 진리 생산 절차들에 천착하는데, 이는 각 절차들의 변전과 방향 전환이 어떻게 그 자신의 철학에 수용되는지를 보여주는 작업이라 하겠다. 이 책의 마지막 장에는 '유적인 것의 글쓰기'라는 제목이 붙어 있다. 아일랜드 출신 작가인 사뮈엘 베케트(Samuel Beckett)의 산문이 사건을 통하여 어떻게 존재론적 '둘'의 문제를 다루는지를 보여주는 글이다. 이 글은 1995년에 출간된 『베케트: 지칠 줄 모르는 욕망』(*Beckett: l'increvable désir*)과 연결된다. 바디우의 베케트론은 베케트에 대한 아주 독창적인 해석이다. 흔히 희망을 보여주지 않는 비관주의자로 알려진 베케트에게서 바디우는 사건과 '희미한 희망'의 가능성을 읽어낸다.

1997년, 바디우는 센세이션을 일으키게 될 책을 내놓는다. 『사도 바

울: 보편주의의 정립』(*Saint Paul: la fondatation de l'universalisme*)이 바로 그것이다. 바디우는 이 책에서 예수의 죽음과 부활이라는 기독교적 사건의 주체로서의 바울을 이야기한다. 예수의 제자가 아니었던 이 야릇한 사도는 기독교를 유대 민족이라는 좁은 울타리 안에서 끄집어내 세계종교가 되게 한 장본인이다. 그것은 바울이 정립해 낸 보편주의를 통해 가능했다는 것이 바디우의 주장이다. 바울은 지중해 세계를 지배했던 두 가지 담론, 즉 그리스적 담론(철학적 담론) 및 유대 담론(예언자의 담론)과 단절하여, 기독교적 담론을 창시한 사상가이다. 바디우는 신약과 구약의 단절을 옹호한다. 그 한가운데에는 바울이 있다. 바울은 사랑의 보편성을 통하여 유대의 율법과 그리스의 철학을 넘어서면서 기독교를 세계종교로 만든 것이다. 이 저작에서 더욱 특징적인 것은 바로 바디우가 바울을 주체의 원형적 형상으로 간주한다는 사실이다. 기독교적 주체는 어떠한 객관성에도 의존하지 않고 오로지 주체적인 확신으로 성립하는 주체로서 어떠한 증거도 필요로 하지 않는다. 이는 바디우가 내세우고 있는 대상 없는 주체의 구체적인 형상이라고 말할 수 있다. 이것이야말로 『사도 바울』에서 우리가 찾을 수 있는 바디우 철학의 핵심일 것이다.

1998년은 바디우에게 무척 특별한 해였다. 그는 메타정치 · 비미학(非美學) · 존재론을 다룬 3부작을 펴낸다. 가을 무렵에 동시에 출판된 이 책들은 『존재와 사건』의 제1권과 제2권(『세계의 논리』(*Logiques des Mondes*, 2006)) 사이의 가교 역할을 하는데, 특히 존재론과 관련된 책(『임시적 존재론에 대한 소고』(*Court traité d'ontologie transitoire*))에서 그는 여러 철학자의 존재론을 비판적으로 주해한 후 자신이 왜 존재론(제

1권)에서 논리학(제2권)으로 나아가는지를 설명하고 있다. 또 다른 책 『메타정치 개요』(*Abrégé de métapolitique*)는 그의 메타정치철학을 잘 설명한 책으로 주로 해방적 정치의 원칙에 많은 부분을 할애한다. 이는 『정치는 사유될 수 있는가』에서 피력했던 해방적 정치의 중요성을 부각시키며 그 원칙들을 잡아나가는 아주 중요한 시도이다. 마지막으로 『비미학』(*Petit manuel d'inesthétique*)에서 바디우는 미학이 아닌 비미학을 말한다. 바디우는 독립적인 미학을 추구하지 않는다. 그는 항상 철학적 관심을 통해 예술에 접근한다. 중요한 점은 예술이 어떠한 진리를 생산하느냐에 있다. 시를 중심으로 영화와 연극, 무용과 산문에 이르기까지 그는 예술 속에서 진리의 흔적을 찾는다.

1999년부터 2004년까지 우리는 바디우에게서 철학적 공백기를 볼 수 있다. 이 시기는 바디우가 본격적으로 『세계의 논리』를 집필했던 시기이다. 그러나 그는 2003년부터 그 어느 때보다도 활발한 정치적 개입을 수행했다. 바로 『정황들』(*Circonstances*)의 연작을 발표하기 시작한 것이다. 『정황들』의 제1권은 코소보와 9·11 그리고 2002년 프랑스 대선에서의 자크 시라크와 장-마리 르펜의 대결을 다룬다. 이 책은 작지 않은 반향을 불러일으켰고 제목 뒤에 붙은 1이라는 숫자는 그 작업이 계속 이어질 것임을 예고하였다. 그 후 2004년에 나온 제2권에서는 이라크 전쟁과 차도르 문제를 다룬다. 이 시점에서부터 바디우는 여론으로부터 집요하게 공격받기 시작한다. 그가 학교에서 차도르 벗기를 거부하는 여성들을 옹호하고 나섰기 때문이다. 그런가 하면 2005년에 나온 제3권에서는 유대인이라는 이름을 문제 삼는다. 바디우는 유대인이라는 시니피앙이 가진 의미를 상기시키며 '오늘날의 유대인들'에 대해 이야기한다. 그러나 이 유대인들은 생물학적 유대인들 또는 유대인 정체성이 아니다. 오늘날의 유대인들은 실제 디아스포라(Diaspora)를 겪고 있는 팔레스타인 사람들과 아프리카 출신의 이주 노동자들이다. 반면 오늘날의 이스라엘 국가는 가장 작은 수의 유대인들이 살고 있는 나라로서 반유대주의 국가라는 것이 바디우의 주장이다. 이 책은 또 한 번의 소동을 일으킨다. 이스라엘 국가에 대한 그의 입장이 프랑스의 친이스라엘 우파 지식인들을 자극했기 때문이다. 그러나 바디우의 개입은 그치지 않는다. 그는 점층법을 구사하듯 점점 더 민감한 문제를 다룬다. 2007년에 나온 제4권은 '사르코지는 무엇의 이름인가'(De quoi Sarkozy est-il le nom?)라는 별도의 제목을 달고 나온다. 그는 2007년의 대선을 분석하며 그것이 공포로 점철된 과정이었다고 설명한다. 그리고 이 책은 공개적으로 공산주의를 말한다. 이 공산주의는 과거의 현실 사회주의 국가들이 표방했던 공산주의와는 거리가 멀다. 그것은 원칙으로서의 공산주의, 공산주의적 불변항으로부터 구성되는 이념으로서의 공산주의이다.(『뉴레프트리뷰』 한국어 판 제1호에 이 책의 축약본이 번역되어 실려 있다.) 이 책이 일으킨 소동은 어쩌면 제3권이 일으킨 것보다 더 컸다. 바디우는 텔레비전 프로그램에 출연해 자신의 입장을 밝히기까지 한다. 그리고 2009년 '공산주의적 가설'(L'hypothèse communiste)이라는 제목이 붙은 제5권이 나왔다. 이것은 제4권에서 말했던 공산주의적 가설을 더욱 구체화한 책이다. 과거에 썼던 몇 개의 글(68혁명과 문화대혁명 그리고 파리코뮌을 다룬 글)과 새롭게 쓴 글들을 모아 과거부터 오늘날까지 공산주의라는 이념이 지속되고 있음을, 공산주의적 불변항들의 존재가 항상적임을 강조하고 있다.

『정황들』 연작을 계속 출간하는 동안에도 바디우는 중요한 철학적 저작을 두 권이나 더 펴냈다. 2005년에 출간된 『세기』(*Le siècle*)와 2006년에 나온 『세계의 논리』가 그것이다. 『세기』는 1998년부터 2001년까지 프랑스의 국제철학원에서 강의한 내용을 정리한 책이다. 20세기 전체를 돌아보는 이 책은 20세기의 사건성에 대한 저작이라고 칭할 만하다. 바디우는 20세기를 둘의 시대, 둘이 펼쳐내는 하나에 대한 욕망의 시대로 규정한다. 그래서 이 시기를 지배한 것은 실재(Le réel)를 향하는 염원들일 수밖에 없다. 스탈린주의부터 마오주의, 아방가르드 예술에 이르기까지 바디우는 실재를 향한 열정을 곳곳에서 발견하고 검토하고 있다.

『세계의 논리』는 『존재와 사건』의 제2권으로 태어난 책이다. 『존재와 사건』이 존재-로서의-존재(l'être-en-tant-qu'être)를 비일관적이고 다분히 중성적인 다수로 파악하고 그 안에서 진리의 존재를 긍정했다면 『세계의 논리』는 그러한 진리가 세계 속에서 어떻게 출현하는지를 보여준다. 이는 진리의 출현에 대한 논리학이다. 바디우는 이 책에서 진리의 출현 과정과 더불어 진리의 가시적이고 객관적인 동체(몸, corps)가 무엇인지에 대해 말한다. 이러한 과정은 존재론이 아닌 논리학의 영역에서 파악될 수 있다. 바디우는 출현의 논리학, 다시 말해 현상학을 구축하려 하는 것이다. 몸과 언어의 문제에 진리의 존재를 추가함으로써 우리는 삶을 또 다른 방식으로 파악할 수 있다. 진리의 존재는 삶을 존엄하게 하고, 개인의 실존을 넘어서는 주체의 삶을 가능하게 한다. 또한 우리는 이 책에서 바디우의 새로운 개념들을 만난다. 초월자(transcendantal), 분배성(distributivité), 세계의 지점(point du monde),

유물론적 변증법(dialectique matérialiste), 민주주의적 유물론(le matérialisme démocratique) 등은 출현의 일반 이론인 바디우의 (대)논리학을 구성하는 개념들이다. 앞으로 『세계의 논리』에 대한 더욱 심층적인 연구를 진행할 때 이 개념들의 중요성은 지극히 크다고 할 수 있다. 중요한 것은 이러한 주제가 갖는 성격이 지극히 실천적인 함의를 포함한다는 점이다. 나는 앞서 행했던 여러 연구에서 바디우의 철학을 합리적인 것과 실천적인 것의 통일로서 정의해 왔다. 주로 존재론의 수준에서 이루어졌던 『존재와 사건』의 이론적 작업들은 이제 『세계의 논리』와 함께 보다 실천적인 방향으로 나아간다. 독자들은 이 두 번째 대작에서 그러한 실천적 함의를 발견할 수 있을 것이다.

『존재와 사건』 이후에 『철학을 위한 선언』을 썼던 바디우는 마찬가지로 『세계의 논리』 이후 『철학을 위한 두 번째 선언』을 내놓는다. 그러나 첫 번째 선언과 두 번째 선언의 관건은 상당히 다르다. 첫 번째 선언은 당시의 철학적 정세를 지배하던 '철학의 종말'이라는 테마를 비판적으로 검토하고 이를 통해 철학의 새로운 출발을 선언하는 것이었다. 그런데 이 시기는 단순히 철학의 위기만으로 설명되지 않는다. 이 시기 유럽은 해방의 정치의 퇴조와 함께 밀려온 반동의 물결로 뒤덮여 있었다. 이에 비해 두 번째 선언의 시기인 오늘날의 상황은 더욱 좋지 않다. 프랑스에서는 사르코지의 반동적 정치의 지배가 공고히 관철되고 있고, 전 세계적으로 신자유주의로 대표되는 전 지구적인 자본주의가 그 야만성을 떨치고 있는 중이다. 그런 연유로 두 번째 선언에서는 오늘날 철학의 실천적 성격에 대한 강조가 더욱 두드러진다. 첫 번째 선언에서 바디우 철학의 핵심 개념인 존재, 진리, 주체의 범주가 철학의 지속적인 실존을 옹호하기 위해 폭넓게 개작되었다면, 두 번째 선언에서는 이 범주들의 실질적인 출현이 문제가 되고 철학이 갖는 근원적으로 혁명적인 정당성이 강조되는 것이다. 그것을 위해 바디우가 내세우는 개념이 바로 (직접적으로 플라톤적인 개념인) '이념'(이데아, Idée)이다. 『세계의 논리』에서 진실한 삶은 '이념'에 따르는 삶으로 묘사된다. 바디우는 두 번째 선언에서 이념의 동적인 가치인 '이념화'(Idéation)의 개념을 도입하여 논리를 발전시킨다.

『세계의 논리』가 갖는 실천이론적 성격은 이 책을 전후로 한 바디우의 현실 개입에서 잘 드러난다. 실제로 바디우는 『사르코지는 무엇의 이름인가』에서 자신의 고유한 개념을 적절히 활용하고 있다. 바디우의 이러한 행보는 계속 이어질 것이다. 특기할 만한 것은 최근 그의 철학적 작업이 1970년대의 정치적 개입과 상당 부분 연결되어 있다는 것이다. 이러한 점은 그의 실천이론이 어제 오늘 튀어나온 것이 아니라 오랜 세월 동안 구상되고 다져져온 것임을 짐작케 하는 부분이다. 말할 것도 없이 그는 실천적인 철학자이다. 그에게 실천이 갖는 중요성은 아무리 강조해도 지나치지 않다.

2009년 바디우는 '비트겐슈타인의 반철학'(L'antiphilosophie de Wittgenstein)이라는 책을 쓴다. 이 책은 1992년부터 1995년까지 바디우가 3년간 진행했던 '현대 반철학자들'이라는 강의에서 출발한 책이다. 그는 니체, 비트겐슈타인, 라캉을 세 명의 현대 반철학자로 칭하고 그들의 사유가 던지는 질문들을 검토하였다. 진리의 존재를 주장하는 철학자 바디우에게 진리를 부정하거나, 진리의 범주를 개조하는 이들 반철학자들의 사유는 통과해야만 하는 관문이었던 것이다. 우리는 이 책을 통하여 철학자를 일깨우는 반철학자의 정신이 어떠한 것인가를 알게 된다. 주의할 점은 바디우가 그들을 반철학자라고 부르는 것에 대해 어떠한 반감도 가질 필요가 없다는 것이다. 물론 바디우가 그들의 사유와 갖는 논쟁적인 관계는 명확하지만, 그가 말하는 '반철학'은 분명 더욱 근본적인 철학적 시도를 지칭하는 것이다. 말할 필요도 없이 그들은 일반적인 의미의 '철학자들'이다. 이 반철학자에 대한 작업은 계속될 것이다. 그는 실제로 니체와 라캉에 대한 저작을 예고하고 있으며, 고전 시대의 반철학자들인 파스칼, 루소, 키르케고르에 대한 저작 또한 고려하고 있다고 이 책의 서문에서 분명히 말하고 있다.

하지만 무엇보다 앞으로 가장 기대가 되는 것은 플라톤에 대한 작업이다. 바디우는 3년째 플라톤에 대한 강의를 진행하고 있다. 나는 이 강의가 한 권의 저작이 되리라는 예상을 오래전부터 하고 있었다. 그러나 바디우는 나의 예상보다 훨씬 더 야심 찬 작업을 기획하고 있었다. 그것은 바로 플라톤의 『국가』 편을 다시 번역하는 일이다. 2010년에 책으로 출간될 것으로 보이는 이 번역은 기존의 열 권짜리 판본을 아홉 권으로 다시 편집하는 동시에 제목 역시 Du Commun(isme)으로 바꿔 달 것이라고 한다(우리말로는 어쩔 수 없이 '코뮌(이즘)에 대하여'라고 잠정적으로 번역해야 할 것이다).• 나는 다른 책의 해제에서 바디우의 사유가 결정적으로 플라톤적인 것임을 밝힌 바 있다. 그러나 그것이 어느새 철

• 엄밀히 말해 이 번역은 고전적인 의미의 번역이라기보다는 '번안'에 가깝다. 『민주주의는 죽었는가』(*Démocratie, dans quel état?*)에 실린 논문에서 바디우는 자신의 번역을 '과잉 번역'(hypertraduction)이라고 소개하고 있다. 그는 플라톤의 『국가』를 현대적 맥락에서 '다시' 쓰고 있다고 볼 수 있는 것이다.

학적 사유의 공적이 되어버린 '단순화된 플라톤주의'에 속하는 것은 결코 아니다. 내가 '완화된 플라톤주의'라고 임시적으로 지칭했던 바디우적 사유의 경향이 갖는 진정한 형상은 바로 이 번역을 통하여 드러나리라 여겨진다.

『철학을 위한 선언』의 쟁점과 철학적 혁신

바디우 철학의 이러한 흐름 속에서 이 작은 책이 가지는 위치는 무엇인가? 『철학을 위한 선언』은 하나의 새로운 출발을 알리는 책이다. 곧 이전의 철학적 경향과의 과감한 단절을 의미한다. 바디우는 1980년대 후반 프랑스의 철학계를 지배하고 있던 '철학의 종말'이라는 우울한 테마와 단절하여 철학을 복권시키려 하는 것이다. 이러한 시도는 결코 간단한 것이 아니었다. 이른바 포스트-근대의 비판을 통해 확립된 '철학의 종말'이라는 테마는 일반적으로 인정받아 온 여러 가지 철학적 전제들과 결별하는 것이었다. 그리고 그것은 시스템으로서의 철학이라는 일반적인 관념에 대한 부정이자, 철학의 중심 테마인 진리와 주체의 관념에 대한 철저한 부정이었다. 바디우가 「가능성」의 장에서 말하고 있는 것처럼, 그것은 포스트-근대 철학의 유행과 더불어 일반화된 경향이었다. 철학은 포스트-근대의 전통 철학 비판과 더불어 일찍이 겪어보지 못한 위기에 직면한 것이다. 더욱 심각한 것은 1980년대 유럽의 정치적 변전과 맞물려 철학적 사유 그 자체가 깊은 비관주의에 빠져버렸다는 사실이었다. 보수화의 물결은 유럽 지식인들을 점점 더 깊은 나락으로 떨어뜨렸다. 이러한 지적 퇴행기에 실추한 철학을 다시 일으키는 것은 힘들어 보였다. 그 힘든 일을 떠맡은 철학자가 바로 바디우였다. 물론 포스트-근대의 철학자들이 이러한 반동적인 경향에 적극적으로 동조한 것은 결코 아니었다. 그들 역시 나름대로의 노력으로 이러한 반동화의 물결에 대항하려 했던 것이 사실이다. 그러나 이러한 경향에 반대하여 끝까지 근본적인 노력을 기울였던 철학자는 역시 바디우였다.

바디우는 포스트-근대의 비판이 무의미한 것이라고 말하지 않는다. 다만 그 비판이 철학을 다시금 바로 서게 하는 것이 아니라, 철학의 가능성을 부정하는 것으로 나아간다는 데 문제가 있다고 지적한다. 이른바 전제적 이성에 대한 포스트-근대의 비판은 일면 정당한 것이다. 니체와 하이데거의 철학에서부터 시작한 합리성과 대상성에 대한 비판은 철학에 일대 전환의 계기를 마련해 주었고, 철학에서 배제되거나 부차적인 지위만을 갖고 있던 예술을 다시금 철학이 사유하도록 해준 것이 사실이다. 진리가 가질 수 있는 독단적 성격은 결코 과장된 것이거나 상상적인 것이 아니다. 바디우가 『윤리학』에서 잘 지적하듯이, 진리는 악으로 전환되기도 한다. 진리의 힘을 과신하여 진리를 전능한 것으로 간주하게 되면 결국 진리는 악으로 나아간다는 점을 잊어서는 안 된다. 마르크스주의의 역사가 이를 잘 보여주고 있다. 요컨대 포스트-근대의 비판에는 옳은 구석이 있다. 하지만 그렇다고 해서 철학의 종말을 선언하고 시스템의 종말을 선언하는 것, 진리를 부인하고 주체를 포기하는 것은 이러한 비판에 대한 정당한 대응이 아니다. 바디우는 그러한 비판에 맞서 철학을 옹호한다.

그가 철학을 옹호하는 방식은 무척 특이하다. 바디우는 철학을 재주

조함으로써 철학을 옹호한다. 그에게 존재, 진리, 주체는 포기될 수 없는 철학의 테마이다. 특히 진리의 범주는 철학을 철학이게끔 하는 가장 중심적인 요소이다. 또한 진리의 범주는 포스트-근대의 비판이 집중하고 있는 지점이기도 하다. 비유컨대 포스트-근대 철학자들은 철학의 심장부를 공격함으로써 철학을 마비 상태로 몰아넣은 것이다. 이러한 비판에 마주하여 바디우는 무작정 철학을 옹호하지는 않는다. 그는 진리와 주체의 범주를 전통 철학과는 전혀 다른 방식으로 개작한다. 그 작업의 출발점은 존재의 다수성을 받아들이는 것이다. 존재는 일자가 아니다. 존재가 일자로 환원되는 것은 '하나로-셈하기'라는 구조의 작용 때문이다. 존재 자체는 일자로 수렴되지 않는다. 일자는 다수로서의 존재를 셈하는 작용을 통하여 사후적으로 수립된다. 결국 우리는 존재가 다수라는 사실을 인정해야 한다. 그렇다면 우리는 진리의 존재 역시 일자가 아닌 다수라는 결론에 도달할 수밖에 없다. 그래서 바디우는 다수의 진리를 내세운다. 우리는 이제 대문자 진리(Vérité)가 아닌 다수의 진리들(des vérités)을 사유해야 하는 것이다. 전통 철학의 곤경은 바로 이 지점에 있었다. 철학은 대개의 경우 하나의 진리 또는 진리의 일부만을 특권화하고 나머지 진리들을 부차적인 것으로 간주하였던 것이다. 진리가 여럿이라면 그 진리가 생산되는 장소도 여럿일 수밖에 없다. 바디우는 그 영역을 '진리의 유적 절차'(procédures génériques des vérités)라고 부르고, 그것을 네 가지로 분류한다. 그 절차들은 바로 혁명적 정치, 사랑, 과학, 예술이다. 바로 이러한 영역에서 진리는 생산된다. 그리고 이들 절차는 진리를 생산한다는 점에서만 하나로 묶일 수 있다. 진리를 생산한다는 공통점을 제외하면, 이 네 가지 절차들 사이에는 어떠한 공통점도 없다. 다시 말해 이들은 각각의 고유한 실천으로 구성되는 독립적인 절차인 것이다. 그러하기에 이들 이질적인 절차들에서 생산된 각각의 진리 또한 이질적이다. 그 진리들은 진리라는 점에서만 같을 뿐이다. 이들 진리는 철저한 분리 속에서 사유되어야 하며, 이 진리들 사이에는 어떠한 관계도 상정되어서는 안 된다. 그러나 전통 철학은 그렇게 하지 않았다. 전통 철학은 진리를 생산하는 절차 중 하나 또는 일부에 철학의 기능을 위임하였고, 그 결과 철학은 특정한 진리 생산 절차에 봉합되어 버렸다.

철학을 옹호하는 바디우의 기획은 무엇보다도 철학을 탈봉합시키는 것이다. 바디우는 탈봉합된 철학, 다시 말해 특정 진리의 전제에서 벗어나 네 가지 진리 생산 절차를 동시에 사유하는 철학을 원한다. 그리고 그는 오늘날 그것이 가능하다고 말한다. 최근의 사건이 그러한 철학의 해방을 명령하고 있다는 것이다. 그것은 다름 아닌 파울 첼란(Paul Celan)의 시가 만들어낸 사건이다.

이러한 주장은 무척 역설적인 상황을 야기한다. 철학의 종말을 선고했다고 여겨졌던 것은 다름 아닌 '시적인 말하기'(dire poétique)였기 때문이다. 포스트-근대의 철학자들 중 많은 이들은 하이데거의 후예이다. 그들이 수행했던 근대 비판은 상당 부분 하이데거와, 횔덜린을 비롯한 여러 시인에게 빚지고 있다. 시스템으로서의 철학을 비판한 이후 그들이 의지했던 것도 역시 시인들이었다. 철학이 시라는 '새로운 주인'을 섬기고 있다는 바디우의 말처럼, 철학은 시인들의 영향력 아래에 있었던 것이다. 철학은 미학화되었고, 시인들의 사유는 철학의 자리를 대신하기에 이른다. 바디우가 '시인들의 시대'라고 부르는 것은 횔덜린

이후 과학에 봉합된 실증주의 철학을 대신하여 존재의 문제를 노래한 시인들의 시간을 가리킨다. 그리고 특히 하이데거 이후의 시기는 철학이 시에 봉합된 시기로 간주된다. 바디우는 당대의 이러한 봉합, 즉 시에의 봉합에서 철학이 벗어나야 한다고 주장한다. 그리고 역설적으로 그 필요성은 첼란의 시에서 드러난다. 첼란이 원했던 것은 시의 밖으로 나가는 일, 시가 봉합의 짐에서 벗어나는 일이다. 역설적인 것은 시에 봉합된 철학이 시에서 벗어나는 것을 간절히 원했던 것이 철학이나 철학자가 아닌 바로 시인 자신이었다는 점이다. 이는 예술이라는 진리 생산 절차의 위대함을 다시 한 번 확인할 수 있는 대목이다. 시는 정치, 사랑, 과학과 함께 사유할 것을 열망하고, 시에의 기생으로부터 철학을 해방시키기를 스스로 원하는 것이다. 바디우는 이를 첼란의 고독, 철학자 하이데거와의 만남 속에서 배가된 시인의 고독 속에서 읽어낸다. 시인의 질문에 침묵하는 철학자에게서 첼란은 시인의 고독과 시에 대한 철학의 물신주의, 그리고 사변적 기생을 확인한다. 시인의 고독을 떨쳐내는 것은 결국 철학에 의해 고립된 시 밖으로 나가 나머지 절차들과 사유를 공유하는 것이다. 이렇게, 시인의 통찰은 실로 위대하다.

하이데거와 그 후예들은 철학이 추방한 시를 통하여 철학을 시라는 조건에 봉합시켰다. 그러나 바디우가 선택한 것은 시인들의 사유를 통해 시 바깥으로 나아가는 것이었다. 이러한 작업은 필연적으로 하이데거에 대한 비판을 전제한다. 바디우는 하이데거의 사유가 어떤 장점을 갖는지 잘 알고 있다. 시인들이 대상성에 가한 철학적 비판은 하이데거로 하여금 '주체/대상'의 범주쌍과 '존재'를 대립시키게 하고, 주체/대상이라는 이분법에 함몰된 형이상학은 과학/기술의 지배에 의해 그 가능성이 완전히 고갈되었고 그 결과 존재는 망각되었다고 주장할 수 있게 한다. 바디우는 이러한 하이데거의 주장에 반기를 든다. 하이데거가 시인들이 대상성을 비판한 것을 잘 파악했고, 그것이 철학사에 끼친 악영향을 잘 포착했던 것은 사실이다. 확실히 대상성에 대한 비판은 대상성에 포획된 주체성을 비판하는 데는 효과적일 수 있다. 그러나 그 주체성이 대상성에서 벗어난 주체성이라면 이야기는 달라진다. 하이데거가 철학사 속에서 대상성의 숭배를 포착해 내고 시인들이 자신의 언어를 통해 그 대상성의 지배를 통찰해 낸 것은 물론 설득력을 가진다. 그러나 바디우는 대상성 비판을 주체의 범주를 폐기하는 것으로 받아들이지 않는다. 그는 대상 없는 주체를 말한다. 모든 주체는 대상성에서 벗어난, 대상과의 연결에서 빠져나온 것이어야 한다. 대상을 지우고 주체를 구하는 것. 그것이야말로 바디우의 철학이 보여주는 가장 중요한 혁신 가운데 하나이다. 존재와 진리, 존재의 진리에 접근하기 위해서는 대상과 결별해야 한다. 그래서 그는 '모든 진리에는 대상이 없다'라고 단언한다. 이제 주체성은 대상과 결별하고 대상 없는 주체의 길을 따른다.

또한 바디우는 하이데거의 과학/기술 비판에 대해서도 비판적인 태도를 취한다. 하이데거가 양자의 차이를 무시한 채 기술에 대한 비판에서 과학에 대한 비판으로 미끄러져 간다는 것이다. 이는 과학을 그저 대상성의 지배 아래에 있는 것으로 판단한 탓이다. 그러나 사정은 그리 단순하지 않다. 오늘날 많은 과학이 거의 자본의 돈벌이를 위한 수단으로 전락했지만, 모든 과학이 그러한 것은 아니다. 확실히 바디우의 사유는 긍정적이고 낙관적이다. 그는 과학적 발견과 컬러텔레비전을 어떻게 비교할 수 있느냐고 반문한다. 근대 과학과 기술은 과학의 무용성과 기술의 유용성을 통해 완전히 구분된다. 또한 기술의 지배는 사태를 과장한 데 지나지 않는다. 기술의 발전 수준은 아직도 미천하며 과학은 더욱 발전되어야 한다고 바디우는 확실히 말한다. 하이데거가 시도하는 비판은 기술의 지배가 아닌 기술에 대한 자본주의의 지배에 맞추어져야 한다는 것이다. 우리가 기술을 통해 존재를 망각했다면 그것은 기술 그 자체가 아닌 기술을 일방적으로 지배하는 자본주의로부터 비롯된 것이다.

이제 철학은 봉합에서 벗어나 진리를 생산하는 유적 절차들과 사건들을 사유해야 한다. 따라서 탈봉합된 철학의 과제는 네 가지 진리 생산 절차를 동시에 사유하는 것이다. 그러나 이는 결코 새로운 이야기가 아니다. 다시 말해 바디우는 철학에게 완전한 미지의 세계로 들어가 자신의 역할을 전혀 새롭게 하라고 말하는 것이 아니다. 철학사에서 우리는 이러한 동시적 사유를 수행했던 철학자를 적어도 한 사람 더 발견할 수 있다. 그 철학자는 다름 아닌 플라톤이다. 그는 실제로 진리의 유적 절차들에 대해 두루 사유했던 철학자이다. 우리는 그 유명한 아카데메이아의 경구(기하학을 모르는 자는 이곳에 들어올 수 없다)를 통해 플라톤이 수학을 철학의 기본 전제로 간주했다는 사실을 알고 있다. 또한 그가 민주주의의 타락을 마주하여 이상적인 정치, 어둠으로부터 해방되는 정치에 대해 사유했다는 사실, 진리의 모방으로서의 시를 어떻게 취급해야 할 것인지에 대해 누구보다 심각하게 사유했다는 사실, 갑작스러운 감정인 사랑이 어떻게 사유의 지위로 상승할 수 있는지에 대해 사유했다는 사실 등을 우리는 잘 알고 있다. 바디우는 플라톤으로부터 시작된 철학이 주목했던 이 네 가지 진리 생산 절차에 대한 사유를 오늘날 재개하자고 제안하는 것이다. 독자들은 물을 것이다. '그렇다면 바디우는 플라톤주의자인가?' 나는 이 질문에 긍정과 부정으로 동시에 대답할 수밖에 없다. 바디우는 확실히 플라톤주의자이다. 진리가 출현하는 네 가지 영역에 대한 동시적 사유를 제안하는 한에서 확실히 플라톤주의자이고, 진리를 사유하는 철학자가 현실로 내려와 대중과 호흡해야 한다고 주장하는 한에서 근본적으로 플라톤주의자이다. 그러나 바디우는 동시에 플라톤주의자가 아니다. 시를 철학의 엄격한 통제 아래 두어야 한다고 주장하는 플라톤과 달리, 시를 진리를 드러내는 엄격한 사유의 영역, 철학이 끊임없이 사유해야 하는 진리의 원천으로 간주한다는 점에서 바디우는 플라톤주의자가 아니다. 또한 소피스트를 말살하려 하는 플라톤의 주장에 맞서(물론 플라톤이 항상 그랬던 것은 아니다) 그들을 철학자의 필연적인 대화 상대자로 인정한다는 점에서 그는 플라톤주의자가 아니다. 더 결정적으로, 일자의 지배를 승인했던 플라톤과 달리 모든 존재하는 것은 다수일 뿐이라고 주장한다는 점에서 바디우는 플라톤주의자가 아니다. 그래서 바디우는 스스로를 '다수의 플라톤주의자'(platonicien du multiple)라고 명명한다. 그러나 이는 비단 존재론의 영역에만 국한되는 문제가 아니다. 바디우의 철학 속에서 플라톤의 흔적은 매우 강하다. 그가 『세계의 논리』에서 이념의 중요성(진실한 삶=이념(이데아, Idée)에 따른 삶)을 강조하는 것 역시 플라톤주의적인 경향이다. 플라톤을 암살한 포스트-근대의 지배 아래에서 그는 플라톤의 유령을 다시 불러낸다. 죽은 것 같았지만 결코 죽지 않았던 플라톤을 이제 철학의 이름으로 다시 호출하는 것이다. 앞서 예고했듯이 독자들은 아마도 조만간 『국가』 편의 재번역을 통해 바디우의 플라톤을 만날 것이다. 바디우가 재해석한 플라톤에 대한 자세한 논의는 그 이후로 미루어두기로 하자.

『철학을 위한 선언』을 관통하고 있는 또 하나의 테마는 마르크스주의이다. 1980년대 초반까지 마르크스주의를 포기하지 않고 있었던 그에게 이 강력한 이론에 대한 자신의 달라진 입장을 표명하는 것은 어쩌면 필연적이었는지도 모른다. 그는 이 작은 책에서 마르크스주의에 대해 많은 것을 이야기하지 않는다. 그러나 주의 깊은 독자들이라면 이 책 전체가 마르크스주의가 제기한 문제들, 마르크스주의가 만들어낸 문제들에 대한 면밀한 대답으로 채워져 있다는 사실을 발견할 수 있을 것이다. 그중에서도 가장 중요한 문제는 역시 대상과 대상성의 문제이다. 대상성에 대한 시인들의 비판이 단순히 과학/기술에 대한 비판으로만 남아 있는 것은 아니다. 그 비판은 근대를 지배했던 세계관 자체에 대한 비판이고, 근대를 특징짓는 사유 형태에 대한 비판이다. 근대가 지배했던 시대에 성립된 사유인 마르크스주의 역시 대상성에 지배받는 사유였다고 말할 수 있다. 그런 맥락에서 바디우는 마르크스주의를 지배했던 객관주의적 경향을 간단히 언급하며 비판하고 있다. 바로 '마르크스주의의 주체는 대상으로부터 떠오른다'라는 구절에서이다.(135쪽) 이 한 구절은 상상 이상의 풍부함을 지니고 있다. 이 언명은 실제로 마르크스주의의 모든 경향을 둘로 갈라놓았다. 마르크스는 분명 자본주의 사회를 객관적으로 분석하는 데서 출발하지 않았다. 그의 출발점은 오히려 파리에서 혁명적 정치를 접한 이후 받아들인 공산주의적 주체성이었다. 그러나 그는 그것으로 만족하지 못했다. 모든 것을 과학적으로 설명해야만 했던 당시의 지적 분위기는 공산주의적 주체성을 과학적 객관성의 영역에서 정당화하도록 마르크스를 추동했던 것이다. 마르크스는 프롤레타리아적 주체성의 근거를 경제적 객관성에서 찾는다. 결국 프롤레타리아라는 주체가 자기 정당성을 얻어내는 것은 경제적 분석을 통해 얻어진 역사의 필연성(자본주의는 자신의 내적 모순에 의해 종말을 맞이한다)을 통해서이다. 그러나 마르크스의 출발점이 공산주의적 주체성이었음은 움직일 수 없는 진실이다.

경제적/역사적 객관성과 공산주의적 주체성을 중심으로 이후의 마르크스주의의 역사는 크게 두 갈래로 나뉜다. 하나는 경제적 분석과 역사 법칙에 의존하는 대상(객관)주의적(objectiviste) 경향이며, 나머지 하나는 공산주의적 주체성을 견지하는 주체주의적(subjectiviste) 경향이다. 바디우는 확실히 주체성의 철학자이다. 그는 객관성이 갖는 참조적인 가치를 인정하지만 그것이 세상을 바꾸지는 못한다는 것을 잘 알고 있다. 실제로 곳곳에서 발생한 모든 혁명적 시도의 동력은 공산주의적 주체성에서 나온 것이라고 말할 수 있다. 코뮌과 소비에트 그리고 전위당은 모두 혁명의 주체적 동력이었던 것이다. 지식 체계가 구축하는 모든 법(칙)의 망에 구멍을 내는 것은 바로 이러한 주체성이고, 이러한 주체성이 없이는 어떠한 새로움도 가능하지 않다. 물론 후사건적 실천의 주체가 벌이는 강제의 실천을 통해 진리의 새로움을 지식 체계가 받아들인다는 점에서 이 주체성이 그 새로움을 인식하는 최초의 근거가 되는 것은 사실이다. 그러나 기본적으로 바디우가 주장하는 사건적 주체성이 대상과 결부되어 있지 않다는 점은 분명하다. 그렇게 바디우는 주체와 대상을 완전히 분리하고자 한다. 대상 없는 주체와 주체 없는 대상.

이제 그의 철학은 대상 없는 주체의 길을 따라 나아가는 것이다.

이 책에서 그가 선언했던 '철학의 귀환'은 지금도 진행 중일 것이다. 그래서 이 책은 지금 읽어도 여전히 무척 도전적이다. 이 책은 전통 철학의 구태의연함에 도전하며, 포스트-근대가 주장했던 '철학의 종말'에 정면으로 도전한다. 그 도전 가운데 드러나는 것이 바로 철학의 혁신이다. 여기서 그는 철학의 해체와 함께 그리고 철학의 해체를 넘어서 새로운 철학의 지평으로 나아가고자 하는 것이다. 독자들이 열린 마음을 갖는다면, 의견(opinion)의 진부함을 넘어서고자 한다면, 바디우의 철학적 혁신으로부터 많은 영감을 얻을 것이다. 바디우의 철학은 분명 어렵다. 또한 그것을 받아들이는 것 역시 쉬운 일은 아니다. 그러나 그것이 우리가 따라잡지 못할 정도로 난해한 것은 아니다. 진정한 난점은 그 철학의 난해함보다도 우리가 갖고 있는 기존의 편견들, 지배적인 의견들(opinions)이다. 이러한 의견들과 단절하지 않는다면 바디우의 철학은 그저 난수표로만 남을 것이다. 그러나 힘든 단절을 성공적으로 수행한다면 열려 있는 체계로서의 바디우 철학은 무한한 가능성의 세계, 제한 없는 낙관의 사유로 우리를 이끌 것이라고 나는 감히 단언한다.

| 알랭 바디우의 저술들 |

1969 『모델의 개념』(*Le concept de modèle*)

1975 『모순의 이론』(*Théorie de la contradiction*)

1976 『이데올로기에 대하여』(*De l'idéologie*)〔F. Balmès와 공저〕

1978 『헤겔 변증법의 합리적 핵심』(*Le Noyau rationnel de la dialectique hégelienne*)〔L. Mossot, J. Bellassen과 공저〕

1982 『주체의 이론』(*Théorie du sujet*)

1985 『정치는 사유될 수 있는가』(*Peut-on penser la politique?*)

1988 『존재와 사건』(*L'étre et l'événement*)

1989 『철학을 위한 선언』(*Manifeste pour la philosophie*)

1990 『수와 수들』(*Le nombre et les nombres*)

『연극을 위한 광시곡』(*Rhapsodie pour le théâtre*)

1991 『불투명한 재앙에 대하여』(*D'un désastre obscur*)

1992 『조건들』(*Conditions*)

1993 『윤리학』(*L'éthique*)

1995 『베케트: 지칠 줄 모르는 욕망』(*Beckett: l'increvable désir*)

1997 『들뢰즈』(*Deleuze*)

『사도 바울: 보편주의의 정립』(*Saint Paul: La fondation de l'universalisme*)

1998 『메타정치 개요』(*Abrégé de métapolitique*)

『임시적 존재론에 대한 소고』(*Court traité d'ontologie transitoire*)

『비미학』(*Petit manuel d'inesthétique*)

2003 『정황들 1: 코소보, 9.11, 시라크와 르펜』(*Circonstances 1: Kosovo, 11 Septembre, Chirac/Le Pen*)

2004 『정황들 2: 이라크, 머플러, 독일/프랑스』(*Circonstances 2: Irak, foulard, Allemagne/France*)

2005 『세기』(*Le siècle*)

『정황들 3: '유대인'이라는 말의 범위』(*Circonstances 3: Portées du mot 《juif》*)

『바디우와 지젝 현재의 철학을 말하다』(*Philosophie und Aktualität: Ein Streitgespräch*)〔S.Žižek과 공저〕

2006 『세계의 논리: 존재와 사건 2』(*Logiques des mondes: L'être et l'événement 2*)

2007 『정황들 4: 사르코지는 무엇의 이름인가』(*Circonstances 4: De quoi Sarkozy est-il le nom?*)

2008 『사유의 윤리』(*Petit panthéon portatif*)

2009 『철학을 위한 두 번째 선언』(*Second manifeste pour la philosophie*)

『비트겐슈타인의 반철학』(*L'antiphilosophie de Wittgenstein*)

『정황들 5: 공산주의적 가설』(*Circonstances 5: L'hypothèse communiste*)

『사랑 예찬』(*Éloge de l'amour*)〔N. Truong과의 대담〕

2010 『성관계는 없다: 라캉의 「레투르디」에 대한 두 가지 레슨』(*Il n'y a pas de rapport sexuel: Deux leçons sur《L'Étourdit》de Lacan*)〔B. Cassin과 공저〕

『하이데거: 나치즘, 여인들, 철학』(*Heidegger: Le nazisme, les femmes, la philosophie*)〔B. Cassin과 공저〕

『철학과 사건』(*La Philosophie et l'Événement*)〔F. Tarby와의 대담〕

『유한과 무한』(*Le Fini et l'Infini*)

2011 『투사를 위한 철학』(*La Relation énigmatique entre politique et philosophie*)

2012 『플라톤의 국가』(*La République de Platon*)

2015 『수학 예찬』(*Éloge des mathématiques*)〔G. Haéri와의 대담〕

2016 『참된 삶』(*La Vraie Vie*)

『연극 예찬』(*Éloge du théâtre*)

2018 『반역은 옳다』(*On raison de se revolter*)

『진리의 내재성: 존재와 사건 3』(*L'immanence des vérités: L'être et l'événement 3*)

2019 『정치 예찬』(*Éloge de la politique*)

차례

| 일러두기 |

- 이 책에 나오는 주석은 모두 옮긴이의 것이다.
- 본문 가운데 나오는 〔 〕는 옮긴이가 읽는 이들의 이해를 돕기 위해 원문에 없던 내용이나 표현을 부연, 첨가한 것이다.

1

가능성

오늘날 프랑스에는 살아 있는 철학자가 그리 많지 않다. 아마도 다른 곳보다는 많겠지만 말이다. 별 무리 없이 열 손가락 안에 꼽을 수 있는 정도일 것이다. 그렇다. 만약 우리가 철학자들을 우리 시대를 위한 독창적이고 확인 가능한 언표를 제시하는 사람들로 이해한다면, 또한 주석가들과 필수 불가결한 원로들, 공허한 에세이스트들을 무시한다면, 철학자는 열 명 정도밖에 남지 않는다.

열 명의 철학자들? '철학자들'이라고 해야 할까? 이 말에 의문을 표하는 이유는 이상하게도 그들 대부분이 철학은 불가능하고, 종결되었고, 철학 그 자체가 아닌 다른 것에 위임되었다고 말하기 때문이다. 예를 들면 필립 라쿠-라바르트(Philippe Lacoue-Labarthe)는 "더 이상 철학을 열망해서는 안 된다"라고 말한다. 그리고 거의 동시에 장-프랑수아 리오타르(Jean-François Lyotard)는 "건축술로서의 철학은 붕괴됐다"라고 말한다. 그러나 어떤 방식으로든 건축적이지 않은 철학을 생각할 수 있는가? '폐허의 글쓰기', '미시론', '그래피티'(graffiti)(오늘날의 사유 스타일에 대한 리오타르의 은유)의 인내 등은 단순한 동음이의적 관계와는 다른 방식으로 우리가 받아들이는 의미의 철학과 여전히 관계하는 것이 아닌가? 더욱이 우리의 고인들 중 가장 위대한 라캉은 '반(反)철학자'이지 않았던가? 그리고 리오타르가 오직 화가에 대한 논평 안에서만 현존의 운명을 일깨울 수 있다고 말하는 것, 들뢰즈의 최근 대작이 영화를 주제로 삼고 있는 것, 라쿠-라바르트(또는 한스-게오르크 가다머Hans-Georg Gadamer)가 파울 첼란의 시적 선취(先取)에 몰두하는 것, 그리고 자크 데리다가 장 주네(Jean Genêt)를 호출하려 하는 것을 어떻게 해석할 것인가? 우리의 '철학자들'은 거의 모두 철학이 거할 수 없다고 추정되는 곳으로 철학의 자리를 넌지시 옮기기 위해 우회적인 글쓰기와 간접적인 근거 그리고 완곡한 지시물(référents obliques)을 찾고 있다. 그리고 이러한 방향 전환—시인도 아니고 신자도 아니며 유대인도 아닌 자의 불안한 꿈—의 한가운데서 우리는 하이데거의 민족사회주의〔나치즘〕 참여에 대한 잔혹한 결산(sommation)이 기세를 올리고 있음을 목격한다. 다시 말해, 시대가 우리에게 제기하는 소송에 대면하여, 콜리마와 아우슈비츠를 필두로 하는 소송의 기록을 열람하면서, 우리의 철학자들은 20세기 그리고 끝내는 플라톤 이래의 모든 세기들의 책임을 스스로 짊어진 채 유죄를 인정하기로 결정했다. 여러 번 심문대에 올랐던 과학자들, 그리고 군인들과 정치가들조차도 20세기의 대학살이 그들의 집단에 지속적으로 영향을 끼치리라고는 생각하지 않았다. 사회학자들과 역사학자들, 심리학자들은 모두 결백함 속에서 번

영을 구가하고 있다. 오직 철학자들만이 사유, 즉 그들의 사유가 20세기 그리고 그에 앞선 모든 세기들의 역사적 · 정치적 범죄와 조우했다는 사실을 마음속에 새겨두었다. 그 범죄는 모든 지속을 가로막는 장애물이자 동시에 집단적이고 역사적인 지적 불충을 판가름하는 법정이었다.•

물론 사람들은 철학만이 그 범죄를 사유한다는 주장이 아주 오만한 것이라고 생각할지도 모른다. 리오타르가 '나치즘에 대한 최초의 철학적 규정'의 공로를 라쿠-라바르트에게 돌릴 때, 그는 이러한 규정이 당연히 철학에 속할 수 있다고 간주한다. 그런데 그것은 전혀 명백하지 않다. 예를 들어 우리는 운동 법칙에 대한 '규정'이 결코 철학에 속하지 않는다는 것을 안다. 나로 말하면 존재-로서의-존재(l'être-en-tant-qu'être)라는 오래된 질문조차도 오로지 철학에만 속하는 것은 아니라고 주장한다. 이를테면 그것은 수학적 영역에 속하는 질문이다. 그러므

• 나치가 행한 집단 학살의 책임을 철학에 돌리는 것은 현대 철학자들의 사유 속에서 빈번히 볼 수 있는 경향이다. 이는 주로 한나 아렌트(Hannah Arendt)의 전체주의 연구에서 영감을 받은 것이라 할 수 있다. 그러나 이러한 경향은 전체주의에 대한 아렌트의 언급을 확대 과장한 측면이 있다. 물론 아렌트는 카를 야스퍼스(Karl Jaspers)에게 보낸 편지에서 전체주의에 철학의 책임이 전혀 없지 않다는 '의심'을 갖고 있다고 이야기하긴 하지만 그것을 전적으로 철학의 책임으로 돌리지는 않는다. 비록 아렌트가 플라톤 이후 정치가 철학의 지배 아래 놓이게 되었다고 말하면서 정치적 비극에 대한 철학의 책임을 논했다 해도, 나치와 철학을 직접 연관 짓는 시도로 나아가는 것은 분명 지나친 것이다. 이러한 입장을 과장했을 때 철학에서 나치즘의 기원을 발견할 수 있다는 주장이 가능하게 된다. 바디우는 철학자들의 그러한 태도를 상기시키면서 나치의 범죄를 사유할 수 있는 영역은 철학이 아니라 정치라는 점을 분명히 하고 있다.

로 나치즘에 대한 규정—예를 들어 나치즘을 정치로 규정하는 것—이 원리상 플라톤 이래 철학이라는 이름을 부여받아 온 특수한 사유 형태에서 벗어난다고 생각하는 것은 전적으로 가능하다.* 우리 가운데 철학이 곤경에 처했다고 주장하는 순진한 이들은 모든 것이 철학에 속한다는 관념을 계속해서 유지하고 견지할 수 있을 것이다. 그런데 〔철학을 모든 것의 지배자로 간주하는〕 이러한 사변적 전체주의에 따르면, 하이데거의 민족사회주의 참여는 철학이 낳은 결과 중 하나라고 인정해야만 할 것이다. 나치를 통해 구현된 독일 민족의 '단호한 결단'이 해석학 교수로서의 자신의 사유와 연결된다고 추측한 것을 제외하면 하이데거가 사실 무엇을 했단 말인가? 철학이—그리고 오직 철학만이—20세기에 일어난 숭고하거나 혐오스러운 정치적 격변에 대한 책임이 있다고 상정하는 것은 반(反)변증론자들의 가장 내밀한 기제 속에서마저도 헤겔 철학의 이성의 간지와 유사한 것으로 보인다. 그것은 시대정신, 본질적 규정이 존재한다고 가정하는 것인데, 이때 철학은 그 정신과 결정을 포착하고 집중하는 원칙인 것이다. 차라리 예를 들어 나치즘은 그 자체로 철학의 가능한 대상이 아니라는 것, 또한 나치즘은 철학적 사유가 자신의 고유의 질서 내부에서 짜낼 수 있는 조건에 속하지 않는다는 것을 전제하며 출발하자. 이러한 사유에게 나치즘은 사건

* 바디우는 나치즘을 철학적 사유의 영역이 아닌 정치적 사유의 영역에 속한 것으로 간주하고 있다. 어떤 정치가 철학적 사유의 대상이 되려면 그 정치는 진리를 생산한 정치여야 한다. 그러나 나치즘은 그렇지 않다. 나치즘은 정치적 투쟁의 참조 지점일 수 있고, 정치적 사유가 고찰해야 하는 대상이지만 철학이 사유해야 할 지점은 아니라는 것이 바디우의 주장이다.

이 아니라는 것이다.* 그렇다고 해서 그것이 사유 불가능하다는 것을 의미하는 것은 전혀 아니다.

세기의 범죄라는 짐을 철학에 지우는 공리(公理)로부터 우리의 철학자들이 철학의 곤경과 이 범죄의 사유 불가능한 성격을 결합시킨 결론을 끌어낼 때, 바로 그 지점에서 자존심은 위험한 태만으로 바뀌게 된다. 하이데거의 사유라는 관점에서 유럽 유대인들의 대량 학살을 철학적으로 평가해야 한다고 전제하는 이에게 이 곤경은 사실상 명백하다. 그들은 그 지점에 사유 불가능한 것, 설명 불가능한 것, 모든 개념의 파편이 있다고 말하며 그 곤경을 피할 수 있을 것이다. 그들은 철학의 자존심을 구하기 위해 철학 그 자체를 언제든 희생시킬 것이다. 왜냐하면 철학은 나치즘을 사유해야 하기 때문이고, 철학이 그것을 사유하기에는 충분치 않기 때문이다. 이는 철학이 사유해야 하는 것은 사유 불가능한 것이라는 것, 철학은 곤경의 통로에 들어서 있다는 것을 말한다.

나는 그런 명령을 희생시킬 것을 제안한다. 그리고 다음과 같이 말할

* 바디우에 따르면 사건은 기존 상황의 충만함을 호출하는 것이 아니라 상황의 공백(백과사전적 지식 체계에 의해 공백으로 간주되어 셈에서 누락된 다수)을 출현하게 한다. 그러나 나치즘은 독일 민족이라는 상황의 충만함을 호출하는 시뮬라크르(환영)일 뿐이다. 나치즘은 상황의 공백이 출현함으로써 생산되는 진리와 아무 관계가 없는 것이다. 이렇게 본다면 결국 나치즘은 진리를 다루는 철학의 범위 밖에 있는 것이 된다. 나치의 범죄는 철학의 사유 대상이 아니다. 이에 대해서는 『윤리학』의 제5장 『악의 문제』를 참고하라.

것이다. 만약 철학이 유럽 유대인의 대량 학살에 대해 사유할 능력이 없다면, 그것은 바로 학살에 대해 사유하는 것은 철학이 해야만 하는 것도 아니고 철학이 할 수 있는 것도 아니기 때문이다. 결국, 이러한 사유를 효과적으로 만들려면 다른 질서의 사유로 돌아가야 한다. 예를 들면, 역사성의 사유로, 말하자면 정치의 관점에서 검토된 '역사'의 사유로 돌아가는 것이다.

'종말', 종결, 근본적인 곤경을 선언하는 것은 전혀 겸손한 것이 아니다. '거대 담론의 종말'을 알리는 것 역시 거대 담론 자체만큼이나 겸손하지 못한 것이고, '형이상학의 종말'에 대한 확신은 그 확신의 형이상학적 요소 속에서 움직이는 것이다. 주체 개념의 해체(déconstruction)는 (가령 존재와 같은) 중심 범주를 요구하는데, 이 범주의 역사적 규정은 더욱더 결정론적이다. 그 밖에도 수많은 예가 있을 것이다. 학살과 수용소들이라는 자신의 거짓 대상이 가진 비극적 성격에 움츠린 나머지, 철학은 자기 자신의 불가능성을 예언자적 입장으로 변모시킨다.• 철학은 이러한 미학화 역시 희생자들에게는 또 하나의 악행에 지나지 않는다는 점을 간과한 채, 시대의 어두운 색채로 스스로를 장식한다. 비열하게도 죽은 자를 불러내 수행하는 뉘우침은 절대정신의 재림을 나팔 불어 알리는 기병대와 꼭 마찬가지로 하나의 입장(une posture), 하나의 협잡(une imposture)이다. 역사의 종말(la Fin de l'Histoire)의 종

• 리오타르는 아우슈비츠 수용소와 학살을 역사주의적으로 파악된 진보와 해방을 무너뜨리는 사건으로 파악한다. 결국 그 학살 이후 시스템으로서의 철학은 불가능한 것이 되어버렸다는 진단을 내놓게 되는 것이다.

말(fin)은 그 종말(Fin)과 같은 직물로 만들어진다.*

일단 철학이 다룰 관건이 확정되면, 철학의 '종말'이라는 파토스는 완전히 다른 질문에 자리를 내어주는데, 이는 철학의 조건들에 대한 것이다. 나는 철학이 언제나 가능하다고 주장하지 않는다. 내가 제안하는 바는 철학의 목적에 맞추어, 일반적으로 어떤 조건들에서 철학이 가능한지를 검토하자는 것이다. 역사의 폭력들이 철학을 중단시킬 수 있다는 것이 아무 검토 없이 유포되게 놓아두어서는 안 된다. 히틀러 일당들이 사유 안에 사유 불가능한 것을 도입하고, 또한 그렇게 철학의 건축적 실행(exercice architecturé)에 종지부를 찍을 수 있었다고 노골적으로 선언하는 것은 히틀러와 그의 깡패들에게 하나의 이상야릇한 승리를 안겨주는 일이다. 군사적으로 이미 완전히 패배한 나치의 광적인 반(反)지성주의에 그러한 복수를 허락해야만 하는가? 정치적 또는 철학적 사유 자체가 그 사유를 무화시키려 했던 것[나치즘]을 사실상 평가하지 못하는 상태에 놓이게 되는 복수 말이다. 분명히 말하겠다. 만약 유대인들의 죽음이, 그들이 결정적으로 기여했던 것, 즉 한편으로는 혁명적 정치, 다른 한편으로는 합리적 철학이라는 것에 종말을 가져다준 원인이라 한다면, 그것은 유대인을 두 번 죽이는 것이다. 희생자들에게 표해야 할 가장 필수적인 경건함은 정신의 마비 안에, 범죄에 직

* 바디우의 이 표현은 철학의 종말에 대한 비판적인 수사이다. 리오타르를 비롯한 현대의 철학자들은 철학적 담론의 종말을 주장하지만 이 종말은 철학적 담론 속에서 보이는 '역사의 종말'과 동일한 방향으로 전개된다는 것이 바디우의 주장이라고 할 수 있다.

면한 정신의 자기 고발적 동요에 있는 것이 아니다. 그것은 항상 학살자들의 면전에서, 희생자들을 계속해서 인간성의 대표자들로 지명하는 데 있는 것이다.

나는 철학이 오늘날 가능할 뿐만 아니라 이 가능성이 종말에 의해 관통되는 형식을 갖지 않는다고 상정한다. 오히려 일보전진이 뜻하는 바를 아는 것이 문제이다. 단지 한 걸음. 데카르트 이래로 존재, 진리 그리고 주체라는 세 가지 결절 개념과 철학의 조건들을 이어왔던 근대적 윤곽, 그 안에서의 한 걸음.

2

조건들

철학은 시작되었다. 그러나 철학은 모든 역사적 윤곽 속에 〔항상〕 존재하지는 않는다. 그것의 존재 방식은 공간 속에서처럼 시간 속에서 불연속적이다. 따라서 철학은 특수한 조건들을 요구한다고 전제해야 한다. 만약 우리가 그리스 도시국가와 고전 시대 서구의 절대왕정, 그리고 의회주의적 부르주아 사회 사이의 간격을 가늠한다면, 단지 '사회구성체'라는 유일한 객관적 기반으로부터 또는 심지어 거대한 이데올로기적 · 종교적 · 신화적 담론들로부터 철학의 조건들을 결정하려는 모든 희망은 수포로 돌아간다는 사실을 바로 알 수 있다. 철학의 조건들은 횡단적이며, 장기에 걸쳐 확인 가능한 단일한 절차들이다. 그리고 그 절차가 사유와 갖는 관계는 상대적으로 불변적이다. 이러한 불변성의 이름은 명백하다. 말하자면 '진리'라는 이름이 문제인 것이다. 철학을 조건 짓는 절차들은 반복 가운데 그 자체로 확인 가능한 진리의 절차들이다. 우리는 인간 집단의 기원 혹은 운명을 신비화하는 이야기를 더 이상 믿지 않는다. 우리는 올림포스 산이 그저 언덕일 뿐이라는 것, 그리고 하늘은 수소과 헬륨으로 가득 차 있을 뿐이라는 것을 안다. 그러나 소수(素數)의 연속이 무한하다는 것은 에우클레이데스(Eucleides, 유클리드)의 『기하학 원본』에서처럼 오늘날 정확하게 증명된다는 것, 페이디아스(Pheidias)는 의심의 여지 없이 위대한 조각가라는 것, 아테네 민주주의는 그 쟁점이 여전히 우리를 지배하는 정치적 창안이라는 것, 그리고 피에르 코르네유(Pierre Corneille)와 베케트를 읽을 때와 마찬가지로 사포(Sappho)와 플라톤을 읽으며 우리는 사랑이 주체를 사로잡는 둘의 〔우발적〕 출현을 지칭한다는 것을 안다.

그렇지만 이 모든 것이 항상 존재했던 것은 아니다. 수학이 없는 사회가 있고, 소멸된 종교적 기능에 유착되어 있는 '예술'이 우리에게 불투명하게 나타나는 사회가 있고, 사랑이 부재하거나 말해질 수 없는 사회가 있으며, 끝으로 전제주의가 결코 정치적 창안에 자리를 넘겨준 적이 없거나 정치적 창안이 사유될 수 있다는 것 자체를 허용하지 않는 사회가 있다. 이러한 절차들이 동시에 존재했던 적은 더욱 적었다. 그리스에서 철학이 탄생했다면, 그것은 그리스가 시라는 신화적인 원천들 속에 성스러운 것을 간직하고 있었기 때문도 아니고, 현존의 은폐가 존재에 대한 불가해한 발화로서 그리스에 친숙했기 때문도 결코 아니다. 고대의 다른 많은 문명들 역시 시적인 발언 속에서 존재의 신성한 위탁을 행하고 있었다. 그리스의 단독성은 속화되고 추상적인 발화를 통해 기원들에 대한 이야기를 중단시킨 것, 수학의 권위를 통해 시의 권위에 상처를 낸 것, 폴리스를 열려 있고 논쟁적이고 비어 있는 권력과 같은 것으로 이해했던 것, 그리고 열정의 폭풍우를 공적인 무대 위로 올린 것이다.

이 절차들을, 즉 이 절차들 전체를 하나의 독특한 개념적 공간 속에 배치하려고 계획했던 최초의 철학적 윤곽, 그렇게 사유 안에서 그 절차들이 공가능(compossibles)하다는 것을 증명하는 철학적 윤곽은 플라톤이라는 이름을 갖는다. "기하학자가 아닌 자는 어느 누구도 여기에 들어올 수 없다"라는 말은 수학을 철학의 조건으로 규정한다. 모방, 즉 이데아를 지나치게 감각적으로 포획한다는 것을 이유로 시인들을 폴리스에서 고통스럽게 추방한 것은 시에 문제가 있다는 것, 그리고 그것을 이야기의 불가피한 중단과 견주어야 한다는 것을 한꺼번에 보여준다. 사랑에 대해서는, 최상의 텍스트인 『향연』이나 『파이돈』이 진리와의 접합을 제공한다. 정치적 창안은 마침내 사유의 직물 그 자체인 것처럼 논의된다. 『국가』 편 제9권의 끝부분에서 플라톤은 그의 이상적인 국가가 프로그램〔강령〕도 현실도 아니라는 것, 이상 국가가 진짜 존재하는지 아니면 존재할 수 있는지를 아는 문제는 중요치 않다는 것, 따라서 거기서는 현실 정치가 문제가 되는 것이 아니라, 사유의 조건으로서의 정치가 문제가 되는 것이며, 가능한 창안이라는 실재적 지위를 갖는 정치 없이는 철학도 있을 수 없는 이유를 철학-내적으로 공식화하는 것이 문제가 된다고 지적한다.

그러므로 우리는, 이들 전체의 출현이 철학의 발생을 조건 짓는 것인 만큼, 이 조건들 중 오직 하나만 결여되어도 철학이 무산될 수 있기 때문에, 철학의 네 가지 조건들이 있다고 상정할 것이다. 이 조건들은 다음과 같다. 수학, 시, 정치적 창안 그리고 사랑이다. 우리는 이 조건들을 유적 절차(procédures génériques)라고 부를 것이다. 뒤에서 나는 그 이유에 대해서 다시 논할 것인데, 이는 『존재와 사건』의 핵심에 해당하는 것이기도 하다. 이 이유들이 확증하는 것은 유적 절차의 네 가지 유형들이 오늘날까지 진리들(오직 과학적이고, 예술적이고, 정치적인 진리, 그리고 사랑의 진리만이 있을 뿐이다)의 생산을 가능하게 하는 모든 절차들을 명시하고 분류한다는 사실이다. 그러므로 우리는 철학이, 진리를 확인할 수 있는 각각의 질서들〔유적 절차들〕 안에 진리가 있다는 것을 조건으로 삼는다고 말할 수 있다.

그렇다면 우리는 두 가지 문제에 직면한다. 첫째, 만약 철학의 조건이 진리의 절차들이라면, 그것은 철학이 스스로 진리들을 생산하지 않는다는 것을 의미한다. 사실상, 이러한 상황은 잘 알려져 있다. '참'이라고 말할 수 있는 철학적 언표를 누가 단 하나라도 인용할 수 있는가? 그렇다면〔인용할 수 없다면〕 대체 철학의 관건은 정확하게 무엇인가? 둘째, 고유한 철학('la' philosophie)에 대해 말하는 것, 하나의 텍스트를 철학적인 것으로 인정하는 것이 정당하다는 점에서 우리는 철학이 '하나'라고 상정한다. 이 추정된 통일성은 그 조건들의 복수성과 어떤 관계를 갖는가? 무엇이 넷(유적 절차, 즉 수학, 시, 정치적 창안 그리고 사랑)과 하나(철학)를 연결하는가? 나는 이 두 가지 문제들이 철학의 정의에 포함되어 있는 하나의 답을 갖는다는 점을 이제 보여줄 것이다. 여기서 그 답은 참이 실현된다는 조건 아래, 현실화될 수 없는 진리성으로만 드러날 수 있다는 것을 뜻한다.

진리의 절차 또는 유적 절차는 그것들의 **사건적** 기원에 의해 지식들의 축적과 구별된다. 사물들의 상태에 대한 규칙들에 부합하는 것 이외에 아무 일도 일어나지 않는 한, 확실히 인식이, 정확한 언표가, 축적된 지식이 있을 수 있다. 〔그러나〕 진리는 있을 수 없다. 진리는 다음과 같은 역설을 갖는다. 진리는 새롭고, 새롭기 때문에 드물거나 예외적인 어떤 것인 동시에, 진리가 속해 있는 것의 존재 자체를 건드리는 한, 더 안정된 것, 존재론적으로 말하면 사물의 원래 상태에 가장 가까운 것이다. 이 역설을 다루기 위해서는 많은 연구가 필요하겠지만, 명백한 것은 진리의 **기원**이 사건의 질서에 속한다는 것이다.

사물들의 상태, 어떤 현시된 다수(multiple)를 간단히 '상황'이라고 부르자. 상황에 관한 진리의 절차가 펼쳐지기 위해서는, 순수한 사건이 이 상황을 보충해야(supplémenter) 한다. 이 보충은 상황의 원천(그것의 구조, 그것의 항목들을 명명하는 확립된 언어 등등)을 통해 명명될 수도 없고, 재현될 수도 없다. 그것은 단독적 명명을 통해, **더해진**(en plus) 기표를 움직이게 함으로써 기입된다. 그리고 바로 더해진-이름(nom-en-plus)이 작동하는 **상황 속에서의** 효과야말로 이 유적 절차를 엮어내고, 상황의 진리가 미결인 상태를 〔적절히〕 정리하는 것이다. 왜냐하면 만일 애초에 상황 안에서 어떤 사건도 상황을 보충하지 않는다면, 어떠한 진리도 없기 때문이다. 오로지 내가 진실성〔사실성〕이라고 부르는 것만이 있을 뿐이다. 사건이 그것의 정원 외적(surnuméraire) 이름을 만나는 순간, 진실성〔사실성〕에 대한 모든 언표에 각을 세우면서 또한 구멍을 내면서, 진리가 도래할 수 있다.

철학의 특수한 관건은 통일된 개념적 공간을 제안하는 것이다. 이 공간에 자리 잡는 것은 여러 사건에 대한 명명들이며, 그 사건들은 진리 절차들의 출발점 구실을 한다. 더해진-이름들*을 모두 모아내려고 애쓰는 것이 철학이다. 철학은 사유하는 가운데 자신을 조건 짓는 절차들의 공가능한 성격을 다룬다. 철학은 어떠한 진리도 수립하지 않지만, 진리들의 장소를 배치한다.** 철학은 유적 절차들의 분산된 동시성과의 관련 속에서 그 절차들을 맞이하고 보호함으로써 그것들의 윤곽을 그려낸다(configurer). 철학은 자신을 조건 짓는 절차들의 상태를 공통의-장소에-놓음(la mise-en-lieu-commun)으로써 그 시대에 대한 사유를 시도한다. 철학의 작동인(operateur)들은 그것이 무엇이든 간에 언제나 '모두'를 사유하는 것을 겨냥한다. 다시 말해, 단일한 사유를 실행하는 가운데 수학, 시, 정치적 창안, 그리고 사랑(혹은 둘의 사건적 지위)의 시대적 배치를 전체적으로 그려내는 것을 목표로 삼는 것이다. 그러한 의미에서 철학의 유일한 문제는 확실히 진리의 문제이다. 그것은 철학이

* 더해진-이름들(les noms-en-plus)은 이름들의 체계인 백과사전적 지식 체계에서 벗어난 이름들을 가리킨다. 이 이름들은 사건을 통하여 생산된 것이고, 진리가 가져온 이름들일 것이다. 좀 더 정확히 말하면 철학은 사건을 통해 상황에 추가된 이름들, 다시 말해 진리들을 모아내는 사유라고 볼 수 있다.

** 바디우에 따르면 철학은 진리를 생산하지 않는다. 무엇보다도 철학은 진리를 본격적으로 사유하는 영역이다. 철학은 자신의 외부에서 생산된 진리를 사유함으로써 그 진리가 어디에 위치하는지에 대해 말한다.

어떤 진리를 생산하기 때문이 아니라, 진리들의 계기(繼起)가 갖는 통일성에 접근하는 방식, 그리고 유적 절차들이 공가능한 것으로 숙고되는 개념적 장소를 제시하기 때문이다.

물론, 철학적 작동인들은 합계나 총체화로 이해되어서는 안 된다. 네 가지 진리 절차 유형들의 사건적이고 이질적인 성격은 그것들을 백과사전적으로 정렬하는 것을 전적으로 거부한다. 백과사전은 지식의 차원에 있는 것이지, 지식에 구멍을 내는 진리의 차원에 있는 것이 아니다.• 철학이 유적 절차들의 언표들이나 국지적 상태들을 늘 언급해야 하는 것은 아니라고까지 말할 수 있다. 철학적 개념들은 하나의 일반적 공간을 엮어내는데, 이 속에서 사유는 시대에, 자신의 시대에 접근한다. 당대의 진리 절차들이 공가능성을 위한 피난처를 그 공간에서 발견하는 한에서 말이다. 그러므로 추가적 기입이나 체계적 성찰은 〔진리에 대한〕 적합한 은유가 되지 못한다. 차라리 적합한 것은 자유로운 흐름〔순환〕이라는 은유이다. 즉 그 조건들의 상태가 접합된 요소 속에서 이루어지는 사유의 자기-운동이라는 은유이다. 철학의 개념적 매개 속에서, 시, 수학, 정치적 창안, 그리고 사랑의 형상들과 같이 내재적으로 이질적인 국지적 형상들은 시대의 단독성에 관계되거나 관계될 수 있

• 백과사전이란 한 상황을 지배하는 지식과 법칙의 총체를 지칭한다. 이는 구멍이 없는 체계로서 옳다고 인정받는 모든 언표와 이름 들의 총합인 것이다. 그러나 진리는 이러한 지식 체계에서 벗어난 것으로서 백과사전에 구멍을 내며 출현한다. 진리의 출현으로 인해 법칙의 체계는 동요하고, 이 지식이 주체들의 후사건적 실천을 통하여 진리를 옳은 것으로 인정하게 될 때 상황을 지배하는 법칙은 바뀌게 된다. 이에 대해서는 이 책의 제8장과 제9장을 참고하라.

다. 철학은 진리가 아니라 〔진리와 관련된〕 정세를, 다시 말해 진리들의 사유 가능한 결합(conjonction)을 발언하는 것이다.

철학은 시대의 균열에 대해 사유하고, 자신을 조건 짓는 것을 반성적으로 비틀기 때문에, 대체로 불안정하고 미성숙한 조건에 의해 지탱된다. 철학은 개입적 명명의 주변에서 수립되고, 이러한 개입적 명명을 통해 사건은 유적 절차를 촉발한다. 제도화되고 고정된 지식으로부터 멀리 떨어진 위대한 철학을 조건 짓는 것, 그것은 수학에서의 위기, 돌파, 그리고 역설, 시적 언어 안에서의 전율, 그리고 창안적 정치의 혁명과 도발, 양성(兩性) 사이의 관계의 동요이다. 사유 안에 그 연약한 절차들을 맞이하고 보호할 공간을 부분적으로 선취하면서, 미미한 가능성조차 수립되지 않은 궤도들을 공가능한 것으로 배치하면서, 철학은 문제를 악화시킨다(aggraver). 하이데거의 다음과 같은 말은 옳다. "철학의 진정한 임무는 현존재(이 경우에는 역사적인)를 악화시키는 것, 무겁게 하는 것이다", 왜냐하면 "악화는 모든 위대한 것의 탄생을 위한 결정적이고 근본적인 조건들 가운데 하나이기" 때문이다. 설령 우리가 '위대함'이라는 말이 갖는 애매함을 제쳐놓는다 하더라도, 우리는 공가능 개념을 통해 철학이 진리들의 가능함이라는 짐을 너무 많이 짊어진다고 기꺼이 말할 것이다. 철학의 '악화시키는' 기능이란 유적 절차들의 고유한 사유의 차원이 아닌, 결합된 역사성의 차원 안에 그 절차들을 배치하는 것이다.

조건들의 체계와 관련하여, 철학은 시대에 대한 사유 공간을 구성함으로써 그 이종(異種)적인 생성을 엮어낸다. 〔그렇게〕 철학은 진리들의 절차적 현실성(effectivité)과 진리들의 시간적(temporel) 존재에 대한 자유로운 질문 사이의 통로 구실을 한다.

3

근대성

철학으로 하여금 자신의 조건들을 엮어내게 하는 개념적 작동인들은 일반적으로 그 조건들 중 하나 혹은 몇 가지를 그 시대의 사유를 위한 패러다임으로 만든다. 그것의 최초 사건의 자리(site événementiel d'origine)에 근접한, 달리 말해 지속성을 유지하기 어렵게 만드는 난관에 부딪힌 유적 절차는 조건들의 공가능성이 전개되기 위한 주요한 근거 구실을 한다. 그렇게 그리스 도시국가의 정치적 위기와 에우독소스• 이후 크기 이론의 '기하학적' 수정의 맥락 속에서, 플라톤은 수학과 정치, 즉 비례 이론과 명령으로서의 폴리스(Polis)를 사유 공간의 기축적 준거들로 삼으려 시도하였다. 그에게 '변증법'이라는 말은 사유를 실행하는 기능을 지칭한다. 어떻게 수학과 정치가 존재론적으로 공가능한

• 에우독소스(Eudoxos)는 크니도스(Cnidos) 출신의 그리스 수학자로 아카데메이아에서 공부한 것으로 알려져 있다. 에우클레이데스(유클리드)의 『기하학 원본』에 많은 영향을 끼쳤다.

가? 그것이야말로 이데아라는 장치가 해결의 방향을 제시할 플라톤적인 질문이다. 그 결과 시는 의심받고,—그러나 그 의심의 형식은 외형상 받아들일 만하다—플라톤 자신의 표현에 따르면 사랑은 만남의 '갑작스러움'을 진리—여기서는 아름다움에 대한 진리—가 식별 불가능한 것으로 도래한다는 사실과 연관지을 것이다. 식별 불가능한 것은 담론(로고스)도 아니고 지식(에피스테메)도 아니다.

우리는 지배적 조건에 따라 규정된(spécifié) 한 가지 유형의 짜임이 지속되는 철학의 실존의 시퀀스(séquence)를 철학의 한 '시기'(période)라고 부르는 데 동의할 것이다. 그러한 한 시기 내내, 공가능성의 작동인들은 이러한 명시(spécification)에 의존한다. 하나의 시기는 개념들의 관할 아래서, 절차들이 존재하는 단독적이고 후사건적인 상태 속에서, 네 가지 유적 절차들의 매듭(nœud)을 만들어낸다. 이 개념들을 통해 절차들 가운데 한 가지는 철학적으로 시대를 결정하는 역할을 하는 사유와 순환의 공간 속에 기입된다. 플라톤의 예에서 이데아는 명백하게 수학이 그 '참된' 근본 원리가 되는 하나의 작동인이다. 정치는 이데아의 관할 아래서 사유의 조건으로서 창안된다. (그로부터 철인왕(roi-philosophe) 그리고 왕 또는 수호자의 교육에서 산술과 기하학이 갖는 중요한 역할이 나온다.) 그리고 모방적인 시는 뒷자리로 밀려난다. 플라톤이 『프로타고라스』에서와 마찬가지로 『고르기아스』에서 보여주듯이, 시와 소피스트적 사유(la sophistique) 사이의 역설적인 공모가 있기에 더욱 그러하다. 말하자면 시는 소피스트적 사유의 비밀스럽고 비의(秘儀)적인 차원이다. 왜냐하면 시는 언어의 유연성, 언어의 가변성을 절정으로 치닫게 하기 때문이다.

뒤따라 우리는 다음과 같이 묻는다. 철학의 근대적 시기란 있는가? 오늘날 대부분의 철학자들이 한편으로는 철학의 근대적 시기가 실제 존재하고 다른 한편으로는 우리가 그 시기의 완성을 목격했다고 선언하고 있다는 점에서 이 질문은 날카로운 질문이라 할 수 있다. 이것이 '포스트-근대'라는 표현이 의미하는 바이다. 그러나 이러한 표현을 잘 사용하지 않는 사람들에게조차 철학적 근대성의 '종말'이라는 테마, 즉 철학적 근대성에 고유했던 장치—특히 주체의 범주—의 고갈이라는 주제는 항상 존재한다. 비록 그것이 형이상학의 종말이라는 도식 아래에서라고 할지라도 말이다. 게다가 대개 이 종말은 니체의 발언과 관련된다.

만약 경험적으로 르네상스에서 오늘날에 이르기까지의 시기를 '근대'라고 지칭한다면, 조건들의 철학적 윤곽에 있어서 그것의 위계가 변하지 않는다는 의미에서 〔근대를〕 한 시기로 보기는 분명 어렵다. 실제로 다음과 같은 것은 명백하다.

—고전주의의 시대, 데카르트와 라이프니츠의 시대에, 수학에 무한을 도입하는 것을 본질로 하는 갈릴레이적 사건의 영향력 아래에서 지배적이었던 것은 수학적 조건이었다.

—프랑스 혁명을 간주곡으로 삼아 루소와 헤겔에서 출발하는 유적 절차들의 공가능성은 역사적 · 정치적 조건의 관할 아래 있다.

—니체와 하이데거 사이에서, 철학으로 하여금 우리의 시대를 망각적 허무주의의 시대로 지칭하게 하는 장치 속에서 반플라톤적인 회귀를 통해 귀환하는 것은 시가 핵심이 되는 예술이다.

그러므로 유적 절차들의 공가능성의 윤곽이 그려지는 주요한 준거의 전치, 질서의 전치가 이 시간적인 시퀀스 내내 존재한다. 데카르트적 이성의 질서와 헤겔에 있어서의 개념의 시간적 파토스 그리고 하이데거의 메타시학적 은유 사이에서 보이는 개념들의 색채(coloration)는 그 전치의 좋은 증거이다.

그럼에도 이 전치는 적어도 니체에 이르기까지, 또한 후설이 그랬던 것처럼 프로이트와 라캉이 추구하고 확장한, 주체라는 테마의 불변성을 분명 숨기지 않을 것 같다. 이 테마는 하이데거와 그를 계승하는 이들의 저작 속에서만 근본적인 해체를 감수할 뿐이다. 정신분석(정신분석은 사랑이라는 조건을 근대적으로 다루는 것이다)과 마찬가지로 마르크스주의 정치는 주체라는 테마를 개작한다. 그와 같은 개작은 조건들의 역사성과 결부된 것이지 이 역사성을 다루는 철학적 장치의 해소와 결부된 것은 아니다.

그러므로 주체라는 범주를 중심적, 조직적으로 사용한다는 것으로 철학의 근대적 시기를 정의하는 것은 손쉬운 일이다. 이 범주가 짜임의 유형을, 공가능성의 안정적인 체제를 규정하지 않음에도, 이 범주는 다음과 같은 질문을 정식화하기에 충분하다. '철학의 근대적 시기는 완결되었는가?' 이런 질문을 하는 것은 결국 다음과 같이 말하는 것이나 마찬가지다. 증식하는 진리들을 사유하는 가운데 공가능성의 공간을 우리 시대를 위해 제안하는 것은, 비록 근본적으로 주체의 범주를 전복시키거나 변모시킨다 할지라도, 그 범주를 사용하고 보존할 것을 요구하는가? 또는 반대로, 우리 시대의 사유는 이 범주의 해체를 요구하고 있는가? 이러한 질문에, 라캉은 〔주체라는〕 유지된 범주를 근본적으로 수정함으로써 대답을 제시한다. (이는 그에게 철학의 근대가 **계속**된다는 것을 나타내며, 크리스티앙 장베(Christian Jambet)와 기 라르드로(Guy Lardreau) 그리고 나의 관점이기도 하다.)• 그리고 하이데거(마찬가지로 들뢰즈는 뉘앙스를 띠고, 리오타르, 데리다, 라쿠-라바르트와 낭시는 확실하게)는 다음과 같이 대답한다. 우리의 시대는 "주체성이 그것의 완결로 나아가는" 시대이며, 따라서 사유는 지구의 파괴적 대상화에 다름 아닌 "완결"의 너머에서만 완성될 수 있고, 주체의 범주는 해체되어야 하며 형이상학의 최후의(엄밀하게 말하자면 근대적인) 구현으로 간주되어야 한다. 또한 주체의 범주를 중심적 장치로 삼는 합리적 사유의 철학적 기제는 이제 그 기제를 기초 지은 것〔존재〕에 대한 끝없는 망각에 사로잡혀 있다. 그리하여 "몇 세기 이래 이처럼 칭송받아 온 것, 즉 이성이 사유의 가장 끈덕진 적대자라는 것을 우리가 배우게 될 때에만 비로소 사유가 시작

• 주체 개념은 철학의 근대를 특징짓는 개념이라고 할 수 있다. 대다수의 프랑스 포스트-근대 철학자들은 주체 범주를 포기하는 방향으로 나아가지만, 라캉은 주체 개념을 유지하는 가운데 개작한다. 그에게 주체란 실체화될 수 없는 무의식적 주체인 동시에 소외의 극복으로 나아가야 하는 분열된 주체이다. 바디우는 이러한 라캉의 시도를 '철학적으로' 계승하여 실체화되지 않고, 대상도 갖지 않는 진리의 주체(진리에의 충실성)라는 개념을 수립한다.

될 것이다.”

우리는 여전히 갈릴레이주의자이며 데카르트주의자인가? 만약 그렇다면 어떤 근거로 그러한가? 비록 주체가 탈중심적이거나 공허하고, 이성이 사건의 정원 외적 우연에 복종할지라도, 이성과 주체는 철학의 짜임에 있어서 벡터의 구실을 하기에 여전히 적합한가? 진리란 오직 시만이 말을 통해 그 위험을 받아들이는 은폐된 탈은폐인가? 또는 철학은 근대의 모호한 지속을 엮어내는 탈결합된 유적 절차를 자신의 고유한 공간 속에서 진리를 통해 지칭하는가?• 우리는 계속해야 하는가, 기다림의 성찰을 견지해야 하는가? 오늘날 유일하게 중요한 논쟁적 질문은 다음과 같다. 사랑과 시, 수학, 창안적 정치에 의해 철학적으로 수립된, 시대에 대한 사유의 형식이, 후설이 또다시 ‘데카르트적 성찰’이라고 명명했던 배치와 결부되어 있는지, 그렇지 않은지를 결정하는 것.••

• 바디우는 이성과 주체 개념을 중심으로 전개되는 합리주의 철학이 아직도 유효한 것인지 질문하는 동시에 하이데거가 주장하는 것처럼 진리는 시를 통해서만 가능한 것인지 또는 철학이 여전히 유적 절차 안에서 생산되는 진리를 사유하기에 적합한 것인지 질문하고 있다. 물론 바디우에게 관건은 자신의 새로운 철학 안에서 진리를 사유하는 것이다.

•• 후설의 『데카르트적 성찰』은 1931년에 출간된 저작이다. 후설은 데카르트의 『성찰』을 유럽 철학의 흐름을 바꾸어놓은 결정적인 계기로 파악한다. 후설의 현상학적 방법은 인간 이성의 비판적인 재구축을 겨냥하고 있는데, 그 방법의 전범이 바로 데카르트의 『성찰』이다. 후설에 따르면 19세기 이후의 극단적인 객관주의(과학주의)와 상대주의적 역사주의는 이성을 망각시켜 유럽 학문의 위기를 가져왔다. 이러한 경향에서 벗어나기 위해 그는 데카르트적 성찰의 중요성을 강조한다. 그에게 데카르트의 시도는 주체성으로의 방향 전환을 제시하는 것이다. 후설은 이를 ‘회의를 통

한, 성찰하는 자아의 발견'으로 간주하고 이를 다시 활성화시키고자 한다. 바디우는 이러한 후설의 '주체성으로의 전환'을 이어받으려 하고 있다. 물론 바디우의 철학은 후설의 것과는 약간 다른 방식으로 진행되지만, 그가 후설을 이어받아 이성을 옹호하고 주체성을 복원하려 하는 것은 분명한 사실이라고 볼 수 있다.

4

통념상의 하이데거

속견(opinion)을 조직하는 하이데거, 일반적으로 '통용되는' 하이데거는 무엇을 말하는가? 그는 다음과 같이 말한다.

1) 주체의 범주를 중심으로 접합되어 온, 그러한 형이상학의 근대적 형상은 그 완성의 시기에 있다. 주체 범주의 진정한 의미는 대상화의 보편적 과정 속에서 나온다. 그 과정에 적절한 이름은 기술의 지배이다. 인간의 주체-되기는 이러한 지배의 수립을 완전히 형이상학적으로 옮겨 쓴 것에 불과하다. 다시 말해, '인간이 주체가 되고 세계가 대상이 된다는 사실은, 전면화되고 있는 기술의 본질이 낳은 결과일 뿐이다.' 정확하게 그 결과는 기술의 전 지구적 전개의 효과이기 때문에, 이 전개의 본질을 향해 사유를 돌려놓기에 주체의 범주는 적합하지 않다. 결국, 기술을 존재의 형이상학적 시대의 궁극적인 역사상의 구현과 그 종결로서 사유하는 것은 오늘날 사유 자체를 위해 가능한 유일한 프로그

램이다. 그러므로 사유는 우리에게 주체의 범주를 견지하도록 명령함으로써 자신의 자리를 정립할 수 없다. 말하자면, 이러한 명령은 기술의 명령과 구분 불가능하다.

2) 기술의 전 지구적 지배는 철학을 종식시킨다. 기술의 전 지구적 지배 속에서 철학, 다시 말해 형이상학의 가능성은 돌이킬 수 없이 소진되었다. 만약 '근대'가 니체까지의 철학적 텍스트들의 배치 위에서 주체(Sujet) 또는 의식(Conscience)의 지배를 조직하는 형이상학의 후-데카르트적인 짜임을 의미하는 것이라면, 우리의 시대는 더 이상 정확히 '근대적'이지 않다. 왜냐하면 우리의 시대는 형이상학의 최종적인 형상이 실행된 시대이고 형이상학의 가능성이 고갈된 시대이며, 따라서 기술이 무차별적으로 확장된 시대이기 때문이다. 기술은 더 이상 철학 속에서 재현되어서는 안 된다. 왜냐하면 기술과 관련하여 철학은, 더 정확히 말해서 존재의 힘과 관련하여 철학이 보유하고 의미하던 것은 지구를 황폐화하려는 의지로서 완성되기 때문이다.

3) 근대 과학과 전체주의 국가라는 두 가지 주요한 '필연적 결과'를 낳는 형이상학의 기술적 완성은 사유를 통해 허무주의로서, 다시 말해 바로 무사유(non-pensée)의 실행으로서 결정될 수 있고 또한 틀림없이 그렇게 된다. 기술은 무사유를 절정으로 이끈다. 왜냐하면 사유는 단지 존재에 대한 사유일 뿐이고, 존재자를 엄격히 숙고할 때 기술은 존재의 퇴각이라는 최종적인 운명을 갖기 때문이다. 기술은 사실상 존재를 망각하게 하는 강제를 본질로 하는, 존재와의 관계이자 의욕이다. 그 강

제는 존재자를 **총체적으로** 노예화하려는 의지(volonté)를 실현하기 때문이다. 기술은 노예화 조작을 제한 없이 가할 수 있는 토대인, 있는 그대로의 존재자에 대한 관리와 지배의 의지이다. 기술이 알고 있는 유일한 존재 '개념'은 고삐 풀린 생산과 파괴의 의욕을 강제하는 데 있어 전면적으로 제안되는 **원료**의 개념이다. 존재자와 관련하여 기술의 본질을 구성하는 의지는 허무주의적이다. 그 의지는 존재자의 존재를 사유하는 것을 조금도 고려하지 않은 채 존재자를 **다루고**, 존재의 그러한 망각 안에서 그 망각 자체는 잊혀진다. 그 결과 기술에 내재하는 의욕은 그 의욕이 총체적으로 다루는 존재자의 존재를 무(néant)로 호출하게 된다. 관리와 지배의 의지는 무화의 의지와 하나이며 같은 것이다. 지구의 전면적 파괴는 기술의 **필연적인** 귀결이다. 이는 특수한 이유, 예를 들어 군사 행위나 핵 실험과 같이 위기를 야기하는 행위가 존재한다는 특수한 이유에서가 아니라, 의욕을 위해 사용 가능한 단순한 비축물로서 난폭하게 다루어지는 존재를 무라는 잠재적이고 본질적인 형식으로 불러 모으는 기술의 본질 때문이다.

시대가 펼쳐놓은 존재의 운명과 관련하여 이 시대를 의문에 부쳤을 때와 마찬가지로, 사유와 관련하여 이 시대를 의문에 부쳤을 때에도 역시, 우리의 시대는 허무주의적이다. 사유와 관련하여 우리의 시대는 탈은폐(Unverdeckt)의 근본적인 은폐에 의해 〔은폐의〕 실행과 의욕의 전적인 지배를 조건 짓는 초연한-내맡김으로 비켜선다. 존재와 관련하여 우리의 시대는 존재를 무화에 바친다. 달리 말하면 퇴장당하고 누락된 존재는 단지 원료로서 닫혀버리고, 끝없는 토대로서 기술에 의해 사용되어 소진됨으로써 존재 자체는 무로서 자신을 미리-위치 짓는(pro-position) 길로 들어선다.

4) (기술의 지배가 수립되기 때문에 인간이 주체가 되고 세계가 대상이 되는 시기인) 근대에, 그리고 대상화하는 기술이 날뛰는 시대인 우리의 시대에, 오직 몇몇 시인만이 존재에 대해 발언하거나, 또는 적어도, 기술적 의욕의 주체적인 규정 밖에서, 탈은폐와 열림을 향한 사유의 귀환 조건에 대해 말하였다. 기술이 존재자를 무제한적이고 폐쇄적인 방식으로 사용하는 것에 대항하여, 시적 언어, 오직 그것만이 존재의 열림을 수용할 수 있는 기반으로서 울려 퍼졌다. 이들은 뛰어난 시인인 횔덜린, 그리고 라이너 마리아 릴케(Rainer Maria Rilke)와 게오르크 트라클(Georg Trakl)이다. 이 시인들의 시적인 말하기는 망각의 직물에 구멍을 냈고, 우리 시대의 고뇌 속에서 완성될 역사적 운명을 가진 존재 자체가 아니라, 존재에 대한 문제를 보유하고 보존했다. 시인들은 기술의 지배가 보편적으로 금지하는 이 문제의 목자이자 초병이었다.

5) 철학이 완성되었다면, 우리에게 남겨진 것은 오직 시인들이 보호하는 문제를 다시 발언하는 것이고, 이 문제가 어떻게 그것의 그리스적 기원 이래로 철학사의 전체 흐름 속에서 울려 퍼졌는지를 파악하는 것이다. 사유는 오늘날 시인들의 조건 아래 있다. 이러한 조건 아래, 사유는 철학의 기원에 대한 해석으로, 형이상학의 첫 번째 몸짓으로 회귀한다. 사유는 자신의 고유한 운명의 열쇠를, 자신의 고유한 실제적 완성의 열쇠를 망각의 첫 번째 걸음 속에서 찾을 것이다. 이 첫 번째 걸음은 플라

톤이다. 존재와 진리의 연결에 관한 플라톤적 '전회'의 분석은 존재의 역사적인 운명을 파악할 것을 명령하는데, 이 운명은 무화에의 도발 가운데 우리의 눈앞에서 완성된다. 이 '전회'의 핵심은 이데아로서의 존재와 진리에 대한 해석이다. 다시 말해 (여기서 나의 언어로 표현하자면) 수학을 위해 시를 제거하는 것이다. 플라톤이 수학의 이념적 계열론을 통해 시적이고 은유적인 이야기를 중단시킨 것•을 하이데거는 존재의 운명이 탈은폐의 망각을 향해 최초로 정향된 것으로, 그리스의 시적 언어에서 최초의 존재 전유가 박탈된 것으로 해석한다. 그러므로 기원으로 거슬러 올라가는 것은 그리스 시인들의 말하기, 존재의 은폐된 탈은폐와 열림의 긴장을 아직 유지하고 있던 전(前)플라톤적인 시인-사상가들의 말하기로 돌아가는 것이라고도 할 수 있다. 오늘날에는 이러한 거슬러 오름이 시인들의 말하기를 자신의 조건으로 받아들이는 것처럼 말이다.

6) 그러므로 사유의 세 가지 운동은 다음과 같다. 시인들의 말하기에

• 이는 플라톤의 선분의 비유를 통해 설명할 수 있는 부분이다. 플라톤은 『국가』 편의 제6권에서 인식의 단계를 선분을 통해 나눈다. 감각 대상으로서의 가시적인 세계는 실물과 실물의 모상(模像)으로 나뉘고, 지성을 통해 알 수 있는 세계는 이데아와 수학적인 것들로 나뉜다. 전자는 의견을 구성하는 계열이고, 후자는 지성에 의한 앎(noesis)을 구성하는 계열이라고 볼 수 있다. 결국 이를 선분으로 표현하는 것은 진리와의 거리를 나타내고자 함이다. 이로써 이데아(진리)—수학적인 것—실제 사물들—모방된 것으로서의 상(이미지)과 같은 선분 상의 순서가 부여되는데 이에 따르면 모방된 상은 진리와 가장 동떨어진 것이 되고 만다. 플라톤은 같은 대화편의 제10권에서 모방 행위의 결과인 시는 '진리에서 세 번째인 것'이라고 말하며 시에 대한 구원책으로 수학적인 것을 등장시킨다.

서 조건을 취하는 것, 존재의 형이상학적 시대를 명령하는 플라톤적 전회를 향해 해석적으로 거슬러 올라가는 것, 사유의 전소크라테스적 기원에 대해 주석을 가하는 것이다. 이 세 가지 운동은 신들의 귀환, 즉 사건의 가설을 진술할 수 있게 한다. 그 사건에서 무화의 의욕에 의해 인간—기술의 공복(公僕)—이 직면하게 되는 죽음의 위협은 존재를 피난처로 인도함으로써 극복되거나 제거될 것이다. 존재를 피난처로 인도한다는 것은 존재자에 대한 처분 가능성이라는 끝없는 토대로서가 아니라 열림과 탈은폐로서의 존재의 운명을 사유에 다시-드러내는 것이다. 신들의 귀환이라는 이러한 가정은 시인들이 가르친 사유에 의해 진술될 수는 있지만, 통보될 수는 분명 없다. "오직 신만이 우리를 구원할 수 있다"라는 말의 의미는 다음과 같다. 시인들에 의해 알려지고, 플라톤적 전회에 대한 인식을 통해 교육되고, 전소크라테스적 그리스인들에 대한 해석에 의해 일신된 사유는 지구의 재신성화를 말할 수 있는 길도, 수단도 없이〔없지만〕, 허무주의의 한가운데서 그 재신성화의 가능성을 유지할 수 있다는 것이다. 여기서 "구원한다"라는 말은 영혼의 보충이라는 무력한 뜻에 머물지 않는다. "구원한다"라는 말이 뜻하는 것은 인간과 지구를 무화에서 벗어나게 하는 것이다. 자기 운명의 기술적인 최종 형상 속에서 〔함몰된〕 존재는 무화를 의욕하는 것을 자신의 존재로 삼는다.• 문제가 되는 신은 운명을 돌려놓는 신이다. 영혼을 구원하는 것이 아니라, 존재를 구원하는 것이 문제인 것이다. 그리고 존

• 하이데거는 기술 속에 함몰된 존재는 무화를 의욕하는 것 이외에 다른 존재를 가질 수 없다고 주장하며 시만이 이러한 무화로부터 인간을 구원할 수 있다고 말한다.

재를 위험에 빠뜨릴 수 있는 것, 그 자체로 존재의 역사성을 무자비하게 최종 규정하는 것으로부터 존재를 구원하는 것이 문제가 된다. 자신에 의한, 자신의 존재 안에서의 구원은 우리로 하여금 방향 전환을 감행하기 위해 곤경의 끝까지, 그러므로 기술의 끝까지 갈 것을 강요한다. 왜냐하면 오로지 위험의 최극단에서만 구원자 역시 성장하기 때문이다.

5

허무주의?

'기술'이라는 단어가 그리스어 τέχνη[techne]와 공명한다 해도, 우리는 그것이 우리 시대의 본질을 지칭하기에 알맞다는 것도, '기술의 전 지구적인 지배'와 '허무주의'를 사유하는 데에 유용한 어떤 관계가 있다는 것도 받아들일 수 없다. 기술에 대한 성찰, 계산 그리고 혹평은 널리 퍼져 있지만 한결같이 우스꽝스럽다. 그리고 대다수의 세련된 하이데거주의자들이 은밀히 생각하는 것을 우리는 큰 소리로 말해야만 한다. 다시 말하면, 이 지점에서 하이데거 텍스트는 이러한 과장으로부터 전혀 벗어날 수 없다는 것이다. '숲길', 농부의 맑은 눈, 황폐화된 지구, 전원에의 정착, 만개한 장미와 같은 이 모든 파토스는, 알프레드 드 빈니(Alfred de Vigny)("연기를 내뿜고, 괴성을 질러대는 이 쇳덩이 소에 인간은 너무 일찍 올라탔다")에서 조르주 뒤아멜(Georges Duhamel)과 장 지오노(Jean Giono)를 거쳐 우리의 평론가들에 이르기까지, 단지 반동적인 향수(nostalgie)로만 짜인 것이다. 게다가 마르크스가 '봉건적 사회주의'라 부른 것에 속하는 이러한 묵상의 전형성은 그러한 묵상들이 사유 가능한 의미를 갖지 않는다는 가장 좋은 증거이다.

내가 기술에 대해 무엇인가 말해야 한다면, 그것은 기술이 철학의 동시대적 요구와 맺고 있는 관계가 상당히 미미하다는 것이고, 오히려 유감스럽게도 기술은 여전히 조야하고 무기력하다는 것이다. 유용한 도구들은 부족할뿐더러, 있는 것들도 그저 무겁고 불편한 상태일 뿐이다! 중요한 여러 〔과학적〕 모험들은 제자리걸음이거나 '삶이 너무 느리다'는 것과 관련된다. 행성 탐사, 핵융합 에너지, 모두를 위한 비행기계, 공간 속에 구현된 3차원 이미지를 생각해 보라. 그렇다. 다음과 같이 말해야 한다. "기술자들이여, 그대들이 기술의 전 지구적인 지배를 진정으로 원한다면 더더욱 노력하라!" 불충분한 기술, 아직 세련되지 못한 기술, 이것이 실제 상황이다. 즉 자본의 지배는 무한한 잠재력을 가진 기술을 억압하고 단순화한다.

게다가 사유에 있어서, 기술을 과학과 같은 자리에 두는 것은 전혀 적절치 못하다. 확실히 과학과 기술 사이에는 필연성이 있다. 그러나 그 관계는 결코 그 둘이 같은 본질을 공유한다는 것을 함축하지는 않는다. '근대 과학'을 효과로, 더욱이 기술 지배의 주요한 효과로 표시하는 언표들은 옹호될 수 없다. 예를 들어, 근대 수학의 가장 위대한 정리를 생각해 보자. 나의 분야인 연속체 가설의 독립성을 증명하는 정리(1963년 코언의 정리)를 보자면, 거기서 우리는 사유의 집중, 창안적 미, 개념의 놀라움, 과감한 단절을 발견하게 된다. 한마디로 말해, 이것들은 이 세기의 가장 위대한 시들, 혁명적 전략가의 군사정치적 과감성 또는 사랑의 만남이 갖는 가장 강렬한 감정들과 비교될 수 있는 지적인 미학이다. 그러나 이것들은 전기 커피제분기 또는 컬러텔레비전과는 비교될 수 없다. 그런 물건들이 아무리 유용하고 창의적이라 하더라도 말이다. 게다가 과학으로서의 과학, 즉 그 진리 절차 안에서 포착되는 과학은 근본적으로 무용하다. 과학이 무조건적인 방식으로, 그 자체로서의 사유를 긍정하는 것을 제외한다면 말이다. 그리스 사회가 노예제 사회였다는 거짓 핑계를 댄다 해도, 이 그리스적 언표(사유의 순수한 실행과 유적 조건으로서의 과학[의 유용성]을 제외한 과학의 무용성)에 대해서는 재론의 여지가 없다. 유용성의 도그마는 사람들이 모두를 위한 무용성을 진정으로 원하지는 않는다—이것이 의욕이라 불리는 것이다—고 변명하는 것으로 귀결된다.

허무주의에 대해서 말하자면, 우리의 시대가 '허무주의'를 증언하고 있다는 점을 우리는 인정할 것이다. 유대(紐帶)의 전통적 형상과의 단절, 즉 유대의 외양을 띤 것처럼 보이는 모든 것의 존재 형식으로서의 탈유대를 허무주의로 파악한다는 점에서 말이다. 우리의 시대가 일반화된 원자론을 통해 지탱된다는 사실에는 의심의 여지가 없다. 왜냐하면 유대의 어떠한 상징적 제재(制裁)도 자본의 추상적인 힘을 견뎌낼 수 없기 때문이다. 유대 관계를 갖는 모든 것들은 존재로서 탈유대된 상태에 있음을 확증한다는 것, 다수의 지배는 예외 없이 현시되는 것의 끝없는 토대라는 것, 일자는 일시적인 작용의 결과일 뿐이라는 것. 바로 여기에, 화폐라는 일반적 등가물의 순환 운동 속에서 우리 상황의 항목들이 보편적으로 배치되는 불가피한 효과가 있다. 현시되는 것이 항상 시간적 실체를 가질 때, 우리가 글자 그대로 시간을 계산할 때, 다른 것과 내재적으로 연결된 것은 아무것도 존재하지 않는다. 왜냐하면 본질적으로 연결되었다고 가정된 각각의 항목들은 계산의 중립적 표면에 무차별적으로 투사되기 때문이다. 140년 전에 마르크스가 이러한 사물의 상태에 대해 묘사한 것에서 수정할 것이라고는 절대적으로 전혀 없다.

> 권력을 정복한 곳곳에서, 부르주아지는 봉건적 · 가부장적 · 목가적인 관계들을 짓밟았다. 봉건적 인간을 자신의 자연적 상위자와 통합시키는 다양하고 복잡한 모든 유대들, 부르주아지는 냉혹한 이익과 '현금 계산'의 끈덕진 요구들을 제외한 이 모든 유대들을 인간과 인간 사이에 다른 관계가 존속하도록 내버려두지 않기 위해서 인정사정없이 산산조각 내버렸다. 부르주아는 종교적 황홀, 기사도적 열정, 소부르주아적 감상성의 신성한 경외를 이기적 계산이라는 차디찬 물속에 집어넣어 버렸다.(마르크스, 『공산주의자 선언』 중에서)

마르크스가 특히 강조하는 것은 유대의 신성화된 형상들의 종말, 생산적이고 화폐적인 고착을 통해 유대와 일치하는 상징적인 보장의 소멸이다. 자본은 신성화하는 표상들을 녹여내는데, 그 표상들은 내재적이고 본질적인 관계들(인간과 자연 사이, 인간들 사이, 집단들과 도시〔국가〕 사이, 필멸의 삶과 불멸의 삶 사이의 관계 등등)의 실존을 가정한다. '기술적 허무주의'를 고발하는 것이 항상 이러한 관계들에 대한 향수와 관련되어 있다는 것은 지극히 특징적이다. 성스러운 것의 사라짐은 하이데거 그 자신에게서 반복적인 주제이고, 신성한 것의 귀환이라는 예언은 횔덜린에게서 빌려온 '신들의 귀환'이라는 주제와 동일시된다. 만일 우리가 '허무주의'를 탈신성화로 이해한다면, 의심의 여지 없이 전 지구를 지배하는 자본—그러나 '기술'과 '자본'은 하나의 역사적 시퀀스 속에서 짝을 이룰 뿐이지, 개념 속에서 짝을 이루는 것은 아니다—은 확실히 유일한 허무주의적 힘이고, 인간은 성공적으로 이 힘의 창조자가 되었으며 또한 그 먹이가 되었다.

그렇지만, 우리에게 그런 것과 마찬가지로 마르크스에게 탈신성화는 전혀 허무주의적이지 않다. '허무주의'가 존재와 진리로 접근하는 것이 불가능하다고 발언하는 것을 의미하는 한에서는 말이다. 이와 전혀 다르게, 탈신성화는 그러한 접근이 사유를 향해 열리기 위한 필요조건이다. 그것은 명백히 우리가 자본 속에서 찬양할 수 있고 찬양해야 하는 유일한 것이다. 그것은 현시의 토대로서의 순수한 다수들을 드러내었고, 불안정하고 단순한 짜임새로서의 일자가 갖는 모든 효과를 폭로하며, 유대가 존재의 유사물을 찾아냈던 상징적 재현들을 해지한다. 이 해지가 가장 완전한 야만 속에서 작동한다는 것이 자본 본래의 존재론적인 미덕을 숨기지는 않을 것이다.• 유대들의 실체성과 본질적인 관계들

• 여기서 바디우는 마르크스의 『공산주의자 선언』을 염두에 두고 있다. '부르주아지는 자신이 지배권을 얻은 곳에서 모든 봉건적 · 가부장적 · 목가적 관계들을 파괴하고 냉혹한 현금 계산 이외에 어떠한 끈도 남겨두지 않았다'라는 마르크스의 진술은 자본이 행한 탈신성화를 가장 잘 묘사한 것이라고 할 수 있다. 마르크스의 이러한 진술은 인간이 자본을 통해 유대 관계로 표상되는 봉건적 압제로부터 해방되었음을 언급하고 있다. 이런 의미에서 신성한 것의 회복이라는 테마는 지극히 복고적이다. 오히

의 영속성에 현존이 허가하는 보장으로부터, 즉 현존의 신화로부터 해방되는 것을 자본의 방황하는 자동성이 아니라면 우리는 누구에게 빚지고 있는가? 자본과 자본의 빈약한 규정(시간의 일반적인 계산)을 넘어 사유하기 위해서는, 어쨌든 자본이 드러내는 것으로부터 출발해야만 한다. 그것은 존재는 본질적으로 다수이고, 신성한 현존은 순수한 유사물이며, 그리고 만약 존재한다면, 진리는 모든 사물과 마찬가지로 계시(啓示)가 아니며, 하물며 퇴각된 것과 가까운 것은 더욱 아니라는 것이다. 진리는 보충적인 다수를 산출하는 조절된 절차이다.

우리의 시대는 기술적이지도 않고(왜냐하면 우리 시대의 기술은 보잘것없기 때문이다), 허무주의적이지도 않다(왜냐하면 우리 시대는 신성한 유대의 해지가 참의 유적 성격으로 열린 첫 번째 시대이기 때문이다). 봉건적 사회주의의 향수 어린 사변—히틀러야말로 확실히 그것의 가장 완성된 표징이다—과는 반대로, 우리 시대의 고유한 수수께끼는 첫째로 횔덜린 이래 위대한 시인들에 의해 시도되었으나 또한 부정된, 신성한 것의 부분적 유지 속에 있다. 그리고 둘째로, 〔그 수수께끼는〕 (영혼의 보충에서 이슬람에 이르는) 종교의 파편, (마르크스주의를 포함한) 메시아적 정치, (점성술, 약용 식물, 정신 감응 마사지, 사이비 집단 치료 등과 같은) 신비주의적 과학 그리고 노래의 달콤함 속에 들어 있는 사랑, 즉 사랑 없는 사랑, 진리도 만남도 없는 사랑이 연약한 보편적 기체(matrice)

려 우리는 자본이 도착한 바로 그 지점에서 출발해야 한다는 것이 바디우의 주장이다.

를 만들어내는 원천인 모든 종류의 가짜 관계를 여전히 우리의 눈앞에서 엮어내는 반기술적이고 고풍적인 반동들 속에 존재한다.

철학은 조금도 완성되지 않았다. 그러나 일자의 제국의 완강한 잔재들은, 그것이 진리의 절차와는 빗겨 있기 때문에, 그리고 자본을 역사적 매개로 하는 감산[뺄셈]의 존재론에 대항하여 반복적인 장애물을 지칭하기 때문에, 반허무주의적 허무주의•를 구성한다. 그리고 그 잔재들이 갖는 완강함은 우리로 하여금 철학이 오랫동안 중단되었다고 사유하도록 만든다.

나는 이러한 역설을 앞세운다. 즉 철학이 아주 최근까지 자본의 높이에서 사고하는 법을 거의 알지 못했다는 것. 왜냐하면 철학이 그 자체의 가장 깊숙한 곳에까지, 신성함에 대한 공허한 향수, 현존(Présence)에 대한 강박관념, 시의 모호한 지배, 자기 자신의 정당성에 관한 의심을 일으킬 여지를 남겨놓았기 때문이다. 철학은 인간이 불가역적으로 '자연의 주인이자 소유자'가 됐다는 사실, 그리고 거기서 문제되는 것은 상실도 아니고 망각도 아닌, 인간의 궁극적 목적지(비록 여전히 계산된 시간의 불투명한 어리석음 속에서 형상화되지만)라는 사실을 사유로 변화시킬

• 자본의 지배는 분명 다수의 지배를 드러내고 모든 신성한 일자의 해체를 가져왔다. 하이데거의 철학은 이러한 탈신성화를 허무주의적인 것으로 간주한다. 그러나 신성한 것, 종교적인 것의 드러남을 통해 반허무주의로 나아가는 것은 탈신성화의 방해물로 작용하는 것이 사실이다. 바디우는 이러한 탈신성화의 장애물로 작용하는 반기술적이고 고풍적인 반동들을 '반허무주의적 허무주의'라는 수사로 표현하고 있다.

줄 몰랐다. 의욕의 미학화 속에서, 그리고 완성의 파토스, 망각의 운명과 잃어버린 흔적이라는 파토스 속에서 철학은 길을 잃어버리고 '데카르트적 성찰'을 미완성인 채로 남겨두었다. 철학은 다수의 절대성과 유대의 비존재(le non-être du lien)를 흔쾌히 인정하려 하지 않았다. 경험에 대한 선험적 결정을 할 수 있는 최후의 대표자에, 또는 존재(Être)의 밝아짐〔트임〕이 보존되는 장소에 매달려왔던 것처럼, 철학은 언어에, 문학에, 글쓰기에 매달려왔다. 철학이 니체 이래로 선언했던 것은 플라톤과 함께 시작되었던 철학이 그 황혼기에 접어들었다는 것이다. 그러나 이러한 거만한 선언은 그 시작을 지속시킬 힘이 없음을 감추는 것이었다. 현재의 실정성(positivité actuelle)이 통과하는 지점을 포착하는데 철학이 어려움을 겪는 한에서만, 우리가 진리의 교설, 즉 일자 없는 다수 또는 파편적이고 무한하며 식별 불가능한 총체성들이라는 교설의 새로운 단계 속에 눈먼 채로 들어가 있음을 파악하지 못하는 한에서만, 철학은 '근대적 허무주의'를 고발하거나〔하이데거의 경우〕 예찬한다〔자본의 경우〕. '허무주의'는 임시변통의 시니피앙이다. 진정한 문제는 다음과 같다. 탈신성화의 시대가 철학에 제안했던 자유와 힘을 몸서리치며 거절하게 되기까지 철학에 무슨 일이 일어났던 것일까?

6

봉합

내가 주장하는 것처럼 철학이란 시대의 진리들을 규정하는 사건적 형식 속에서 네 가지 유적 조건들(시, 수학, 정치, 사랑)이 공가능하다는 것을 사유 속에서 엮어내는 것이라면, 철학의 중단은 자신을 조건 짓는 진리 절차들 사이의 경로 또는 지적 순환의 체제를 정의하기 위해서 요구되는 자유로운 움직임이 제한되거나 봉쇄되어 있다는 것에서 야기될 수 있다. 그러한 봉쇄의 가장 흔한 원인은, 시대에 대한 사유가 행해지는 공가능성의 공간을 수립하는 대신에, 철학이 자신의 조건들 중 몇몇에 자신의 기능을 위임하는 것, 〔다시 말해〕 철학이 사유 전체를 하나의 유적 절차에 내맡기는 것이다. 그때 철학은 그 절차를 위한 자기 자신의 폐지라는 요소 속에서 실행된다.

나는 이러한 유형의 상황을 봉합(suture)이라고 부를 것이다. 철학이 그것의 조건들 중 하나에 봉합된 것으로 나타날 때마다, 그리고 그에 따라 하나의 고유한(sui generis) 공간을 자유롭게 수립하는 것을 중지할 때마다 철학은 중단된다. 그 고유한 공간이란 네 가지 조건들의 새로움을 지시하는 사건적 명명들이 기입되는 곳이고, 조건들 중 어느 것과도 혼동되지 않는 사유의 실행 속에서 조건들의 동시성, 그러므로 시대의 진리들이 짜일 수 있는 어떤 상태가 확인되는 곳이다.

헤겔과 니체 사이의 시기인 19세기는 봉합들에 의해 폭넓게 지배되었고, 그래서 그 기간 동안 철학은 쇠퇴하는 것처럼 보였다. 이 봉합들 중 주요한 것은 과학이 그 자체로 시대의 진리들의 완성된 체계를 짜낼 것을 기대한 실증주의적 또는 과학주의적 봉합이었다. 이 봉합은 그 위엄에 상처를 입었음에도 여전히 앵글로색슨의 아카데미즘적인 철학을 지배하고 있다. 그 봉합들의 가장 눈에 띄는 효과는 당연히 다른 조건들의 지위에 끼친 영향이다. 정치적 조건의 경우, [봉합된] 정치는 모든 사건적 지위를 박탈당하고, 자유주의적이고 의회주의적인 체제에 대한 실용적인 방어로 축소된다. 그것의 잠재적이면서 중심적인 언표는 정치란 사실상 어떤 방식으로도 사유에 속하지 않는다는 것이다. 시적 조건은 말소되고 문화적 보충물로 기재되거나 언어학적 분석의 대상으로 제시된다. 사랑의 조건은 무시된다. 나는 미국이 본질적으로 감상성과 섹스가 사랑을 희생시키며 공존하는 나라라는 근본적인 지적을 장-뤽 낭시에게 빚지고 있다. 과학적 조건에 철학이 봉합될 때, 철학은 모든 의미에서 언어가 그 결과를 감당해 내야 하는 분석적 추론으로만 점점 축소된다. 그렇게, 자유의 경연장은 자본주의적 야만성의 싸움박질에 대해 약속[반창고]의 구실을 하는 확산된 종교성에 맡겨졌다.

그 지배적인 기준 형식 속에서 마르크스주의는 그 자체로 하나의 봉합을 제안하였는데, 그것은 정치적 조건에 대한 철학의 봉합이었다. 세계에 대한 해석을 혁명적인 전환으로 대체하기를 요구하는 것은 바로 포이어바흐에 대한 유명한 테제의 전적인 애매모호함[이 의미하는 것]이다. 여기서 정치는 철학적으로, 의미의 일반적 체계를 실천적으로 짜내는 데 유일하게 적합한 것으로 지칭되고, 철학은 스스로를 실현하는 가운데 폐지될 운명에 처한다. 게다가 마르크스에 의해 역사의 실제적 운동과 동일시되는 정치가 경험을 총체화하는 궁극적 형식이라는 것은 다른 조건들, 그리고 그 조건들의 정치와의 공가능성을 기입하기를 요구하는 철학을 동시에 파면시킨다. 우리는 예술적 활동과 관련된 모든 것에 대한 마르크스와 마르크스주의자들의 실패를 알고 있다. 그들은 예술적 활동의 단독성을 생각하는 데에도, 창안의 엄격함을 존중하는 데에도 가 닿지 못했다. 성차(性差)의 진리 효과와 관련하여, 그들은 요컨대 '사회주의적' 청교도주의와 정신분석에 대한 경멸이라는 이중적 은폐에 빠져들었다.(그런데 내가 보기에 정신분석은 사랑을 하나의 개념으로 만들고자 하는 유일하게 참된 근대적 시도이다)

과학적 조건에 있어서, 문제는 더욱 복잡하다. 실증주의적 지배적 봉합에 의존했던 마르크스와 그의 후계자들은, 항상 혁명적 정치를 과학의 반열에 올려놓을 것을 주장했다. 그들은 '역사의 과학'—역사적 유물론—, 그리고 정치의 견지에서 바라본 역사의 제어된[법칙적] 운동 사이의 애매함을 유지했다. 처음부터 그들은 그들의 '과학적' 사회주의를 다양한 '유토피아적' 사회주의들에 대립시켰다. 그러므로 우리는 마르크스주의가 이중의 봉합과 마주친다고 주장할 수 있다. 정치에의 봉합 그리고 과학에의 봉합이 그것이다. 특히 스탈린이 '철학' 또는 변증법적 유물론이라고 부르는 것은 이러한 이중의 봉합이라는 복잡한 그물망이다. 그 결과, 앞서 말한 '철학'이라는 것은 '법칙'의 기묘한 형식, 즉 자연과 역사에 애매하게 적용 가능한 '변증법적 법칙'으로 나타난다.

그러나 '유물론적인' 시각에서 과학이 최종적으로 역사-기술적 조건들에 되돌려지는 것처럼, 이중의 봉합은 결국 정치의 지배 아래 접합된다. 그 지배만이 또한 과학을 총체화할 수 있다. 프롤레타리아와 프롤레타리아 당이라는 이름으로, 그 스탈린이 유전학, 언어학 또는 상대론적 물리학에 대한 법률을 제정하는 데에 관여했던 것을 보았던 것처럼 말이다. 이런 상황은 너무도 혼란스러운 철학적 마비를 야기했다. 그런 연유로 1960년대에 알튀세르가 마르크스주의적 사유에 행동의 자유〔활동의 여지〕를 되찾아 주려고 시도했을 때, 그는 과학을 위해 두 가지 봉합들의 접합을 뒤집는 것, 그리고 역사적 유물론의 인식론과 같은 철학적 마르크스주의를 만드는 것 외에 다른 출구를 보지 못했다. 이 시대의 철학 속에서 봉합이 함축하는 바를 알튀세르의 영웅적인 노력보다 더 잘 보여주는 것은 어디에도 없다. 알튀세르는 과학에 봉합된 철학의 편으로 마르크스주의를 뒤집으려 시도하였다. 정치적 조건에 대한 철학의 봉합이 가져오는 지배가 더 해롭다는 것을 그는 잘 알고 있었기 때문이다. 이러한 이전을 작동시키는 데 따른 대가는 프랑스공산당이라는 의심스럽고 타락한 기관에 정치를 계속 위임하는 것이었다. 이는 〔공산당 내에서〕 정치에 대해 문제를 제기하는 것을 다시 한 번 금지한다. 초기의 몇몇 성공 이후 철학적 돌파구는 1968년 5월의 사건을 통해 좌절되었고, 사유 속에서 그 사건의 명명은 모든 부분에서 과학적 조건의 원천들을 초과했으며, 프랑스공산당의 역사적 소멸을 혹독하게 드러냈다.*

내가 앞세우는 테제는 결국 다음과 같다. 헤겔 이래로 철학이 중단되어 있다면, 그것은 아마도 철학이 그것의 조건들에의 봉합의 그물망, 특히 과학적이고 정치적인 조건들에의 봉합의 그물망에 사로잡혀 있기 때문이다. 이러한 봉합은 철학이 조건들의 일반적인 공가능성을 엮어내는 것을 금지한다. 그러므로 시대의 무엇인가, 우리 시대의 무엇인가를 철학이 놓치고 있고, 철학은 그 자신에 대해 해체되고 제한된 이미지를 부여했음이 확실하다.

철학의 유적 조건들 중 하나에 대한 몇몇 봉합에 의해 철학이 무효화되는 효과가 확인되는 확실한 기호는 철학의 '체계적 형식'이 더 이상 불가능하다는 언표의 단조로운 반복이다. 이 반체계적 공리는 오늘날 체계적이다. 나는 이 책의 서두에서 리오타르가 철학에 부여한 형식을

* 초기 알튀세르는 철학을 '이론적 실천의 이론'으로 규정함으로써 철학을 정치의 지배로부터 해방시키고자 했다. 그는 정치적 실천과는 별개로 이론적 실천의 영역을 구축하였고, 프랑스공산당의 지배 아래 있던 이론적 연구를 자율적인 실천 영역으로 삼고자 했던 것이다. 알튀세르의 이러한 노력은 마르크스주의 이론의 혁신을 주도했지만 정치적 실천을 당이 독점하는 것에 대해서는 침묵할 수밖에 없었다. 이러한 입장은 1968년 5월 혁명이라는 정치적 사건에 직면했을 때 무력할 수밖에 없었다. 그럼에도 정치에의 봉합을 무너뜨렸다는 점에서 알튀세르의 철학적 노력은 무척 영웅적이고 의미 있는 것이다.

상기시켰다. 그러나 아마도 라르드로와 장베를 제외하고, 이러한 단조로운 반복은 현대 프랑스 철학자 모두를 포함하고, 특히 그리스 소피스트들, 니체, 하이데거 그리고 비트겐슈타인을 포함하는 전형적이고 단독적인 성좌로부터 빛을 받은 모든 이들에게 공통적이다.

만일 '체계'를 백과사전적 형상, 즉 핵심을 갖추거나 어떤 최상의 기표로 정리된 형상 자체로 이해한다면, 나는 근대적 탈신성화가 그 형상의 전개를 금지하기를 원한다. 또한, 아마도 아리스토텔레스와 헤겔을 제외하면 철학이 언제 이러한 야망을 통해 유지된 적이 있었던가? 만일 '체계성'을, 그 진술 규칙 또한 진술하는 진술에 따르는 철학의 네 가지 유적 조건의 완전한 짜임의 요구(다시 말하건대 이는 이러한 조건들의 결과가 전시되거나, 심지어 언급되는 것을 결코 요구하지 않는다.)라고 이해한다면(그렇게 해야만 할 것이다), 체계적인 것은 철학의 본질이고, 플라톤에서 헤겔에 이르기까지 어떤 철학자도 결코 그것을 의심하지 않았다. 바로 그것이 또한 '체계성'의 거부가 내가 이 책의 서두에서 말한 철학 자체의 '불가능성'이라는 우울한 감상과 오늘날 짝을 이루는 이유이다. 이는 철학이 불가능한 것이 전혀 아니라, 봉합이라는 역사적 그물망에 의해 족쇄가 채워졌다는 고백이다.

나는 철학이 자신의 고유한 규칙을 찾는 담화라는 리오타르의 정의를 용인할 수 없다. 적어도 두 가지의 보편적 규칙이 있는데, 이들을 결여하고 있다면 우리는 철학에 대해 말할 이유가 조금도 없다. 첫째는 철학이 자신의 조건들에 대한 사건적 명명을 배치해야만 한다는 것, 따라서 수학, 시, 창안적 정치, 사랑의 둘(Deux)에 대한 개념적으로 통일된 동시적 사유를 가능하게 해야 한다는 것이다. 둘째는, 유적 절차들이 피난처와 접대소를 얻는 사유의 공간을 설립하는 경로(parcours)의 패러다임 또는 엄밀성(rigueur)의 패러다임이 이러한 피난과 접대의 내부에서 드러나야만 한다는 것이다.• 이것은 철학이 스스로를 위해 체계적인 한에서만 탈봉합된다는 것을 말하는 다른 방법이다. 만약 반대로 철학이 체계의 불가능성을 선언한다면, 이것은 봉합, 즉 철학이 봉합되었기 때문이고, 자신의 조건들 중 단지 하나에 사유를 넘겨주었기 때문이다.

만약 19세기와 그 이후, 철학이 정치적 조건과 과학적 조건에의 이중적 봉합을 견뎌왔다면, 특히 니체 이래로 다른 조건에 봉합됨으로써 철학을 해방시키려는 유혹이 철학에 가해졌다는 것을 우리는 아주 잘 알고 있다. 예술이 확실히 [또 다른 조건으로] 지목되었던 것이다. 하이데거에게서 절정에 이른 것은 철학을 시에 넘겨주는 반실증주의적이고 반마르크스주의적인 노력이다. 하이데거가 기술의 결정적인 효과로서 한편으로는 근대 과학을, 다른 한편으로는 전체주의 국가를 지목할 때, 사실 그는 지배적인 두 개의 봉합을 지시하고 있는 것인데, 사유는 오직 그 두 개의 봉합을 추방함으로써만 봉합으로부터 구원될 것이다. 그가 제안하는 길은, 그가 보기에 기술 속에서 실현된 철학의 길이 아니다.

• 엄밀성의 패러다임이란 철학이 가져야 할 체계성을 가리킨다. 결국 바디우는 시스템으로서의 철학을 옹호하고 있는 것이다. 이와 관련하여 이 책의 제2장 「조건들」을 참고하라.

그것은 니체, 게다가 앙리 베르그송(Henri Bergson)에 의해, 독일에서는 시에 대한 철학적 숭배에 의해, 프랑스에서는 문학에 대한 물신주의(모리스 블랑쇼(Maurice Blanchot), 데리다, 들뢰즈 역시도……)에 의해 예감된 길이다. 이 길은 예술적 조건에 사유의 활력을 위임한다. 서유럽에서는 과학을, 동유럽에서는 정치를 섬기던 철학은 서유럽에서 적어도 또 다른 주인, 즉 시를 섬기려고 시도했다. 철학은 현재 상황에서 세 주인을 섬기는 어릿광대와 같다고 해야 할 것이다. 타자와 타자의 얼굴 그리고 '여성'에 대한 대면적 이야기(propos duel)의 방식으로, 에마뉘엘 레비나스(Emmanuel Levinas)가 철학은 네 번째 조건 즉 사랑의 시종 역시 될 수 있다는 것을 검토한다는 것도 덧붙일 수 있다.

나는 이러한 모든 계약들을 파기하는 것이 오늘날 가능하며 따라서 필요하다고 주장한다. 내가 제안하는 몸짓은 순전히 그리고 단순하게 철학의 몸짓, 탈봉합의 몸짓이다. 주요한 관건, 최고의 어려움은 철학을 그것의 시적 조건으로부터 탈봉합시키는 것이다. 실증주의와 교조적 마르크스주의는 화석화된 입장만을 구성할 뿐이다. 그것은 순수하게 제도적이거나 학술적인 봉합이다. 반대로, 시적 봉합에 그러므로 하이데거에게 힘을 부여하는 것은 해체되기는커녕 검토된 적조차 없다.

철학이 자신의 고유한 공간을 상실하고 수학 혹은 혁명적 정치에 봉합되었을 때, 시인들은 무엇이었으며 그들은 무엇을 사유했는가?

7

시인들의 시대

넓게 보면 헤겔 직후에 열린 시대, 철학이 과학적 조건 또는 정치적 조건에 빈번히 봉합되었던 시대에는, 시가 철학이 해야 할 몇몇 기능들을 떠맡았다. 또한 그 시대가 예술을 위한 예외적인 시기였다는 것에는 누구나 동의한다. 그럼에도, 우리가 말하는 시와 시인들은 시 전체도 아니며 시인 전체도 아니다. 문제가 되는 것은, 사유의 작업이라고 곧바로 인정할 수 있는 작업을 하는 시인들이다. 그 시인들에게 시는, 철학이 쓰러지는 바로 그 자리에서, 존재와 시간에 대한 명제가 실행되는 언어의 장소이다. 이 시인들은 철학자들을 대신하려고 결심하지 않았으며, 이러한 대체를 명확히 의식한 가운데 시를 쓰지도 않았다. 차라리 봉합된 철학이 더 이상 확립하지 못하는 유적 절차와 사유를 접대할 일반적 공간을 시인들의 예술 내부에서부터 구성할 필요와 철학 속의 자유로운 움직임의 부재가 시인들에게 일종의 지적 압력을 행사했다고 생각해야 한다. 만약 시가 단독적으로 이러한 임무를 수행하도록 지명

되었다면, 그것은 한편으로, 적어도 니체와 하이데거에 이르기까지, 특권화된 방식으로 철학이 봉합되었던 조건들 속에서 시가 드러나지 않았기 때문이며, 다른 한편으로 말과 경험 사이를 연결하는 예술인 시의 머나먼 사명이 그 몽환적인 지평에서 〔시에서의〕 말이 근거 지을 수 있는 현존의 이상(idéal)을 갖기 때문이다. 플라톤은 특별히 엄격한 고찰 속에 시와 시인들을 종속시키는데, 여기서 보듯 시인과 철학자의 경쟁 관계는 오래된 이야기이다. 니체가 예언했던 플라톤에 대한 복수는 시의 관할 안에서 뿌리내릴 수 있을 뿐이었다. 데카르트, 라이프니츠, 칸트 또는 헤겔은 수학자, 역사가, 물리학자일 수 있었다. 만약 그들이 아니었던 것이 있다면 그것은 시인이다. 그러나 니체 이래로, 우리가 하이데거뿐만 아니라 데리다 또는 라쿠-라바르트에게서 보는 것처럼, 철학자들은 모두 시인이기를 열망하고, 시인들을 부러워했으며, 실패했거나 그저 그런 또는 잘 알려진 시인들이었다. 그리고 심지어 장베 또는 라르드로조차 동양의 형이상학적 고양이 불가피하게 시적인 경사(傾斜)를 보이는 것에 대해 경의를 표한다.

철학을 이어받은 철학자가 존재하지 않은 시대에, 사실상 시인들의 시대가 있었다는 것이다. 그 시대는 바로 횔덜린과 첼란 사이의 시대였다. 이때 시대 자체의 동요하는 의미, 존재의 질문을 향해 가장 활짝 열린 접근 방식, 노골적인 봉합에 가장 덜 사로잡힌 공가능성의 공간, 근대적 인간의 경험을 가장 잘 예고하는 정식화는 시를 통해 드러나고 보유되었다. 이는 시대의 수수께끼가 시적 은유의 수수께끼 속에 붙들렸던 시대, 탈유대 자체가 이미지의 '…처럼' 속에 묶여 있던 시대였다.

한 시대 전체가 일관되고, 특히 정향(orienter)된 시기로서 몇몇 조야한 철학들 속에 재현되었다. 진보, 역사의 의미, 천년왕국의 건립, 다른 세계의 도래 그리고 다른 인간의 도래가 있었다. 그러나 이 시기의 실재는 오히려 비일관성과 방향 상실이었다. 시, 적어도 '형이상학적' 시, 가장 집중되고, 가장 지적으로 긴장되고, 또한 가장 불명료한 시만이 이 본질적인 방향 상실을 지칭했고 단언했다. 시는 역사의 정향된 재현들 속에서 탈정향의 대각선을 그었다. 횔덜린에게서 연유하는 라쿠-라바르트의 개념을 차용하자면, 이 시들의 빛나는 냉정함은 역사적 파토스의 휴지기를 열었다(césure).

철학이 시적 조건에 스스로를 봉합시키려고 시도한 때부터 시인들의 시대의 정전이 되는(canoniques) 대표자들은 철학의 선택 대상이 된다. 미셸 드기(Michel Deguy)—그가 시인인 것은 사실이다—는 다음과 같이 말하기에 이른다. '철학, 시를 예비하기 위함.' 어쨌든 이는 철학의 통상적 기능들을 오래도록 점했다고 철학이 인정하는 시인들의 목록을 준비하기 위한 철학이다.

나는 (그렇지만 나는 시인들의 시대가 완결되었음을 주장한다. 그리고 내가 나 자신의 목록, 즉 결과적으로 닫힌 목록을 언급하는 것은 이러한 종식의 관점에서이다), 일곱 명의 중요한 시인들을 인정한다. 반드시 그들이 '가장 훌륭한 시인들'이어서가 아니라(이러한 시상(施賞)은 불가능하다), 그들이 시인들의 시대를 구분하고(périodisé), 구획하기 때문이다. 그들의 예언자이며 깨어 있는 선각자인 횔덜린이 문제이다. 그리고 파리 코뮌 이후에 등장해, 정향된 의미로서 재현되는 방향 상실의 열림을 표시했던 말라르메, 아르튀르 랭보(Arthur Rimbaud), 트라클, 페르난두 페소아(Fernando Pessoa), 오시프 만델스탐(Osip Mandelstam) 그리고 첼란이 문제이다.

여기서 역사적 혼란, 상황의 역전, 정초하는 시들, 사유의 시대로서의 시인들의 시대를 구성하는 개념적 작용이자 그 총체가 열거될 수 없는 단독적인 작용들(말라르메의 책(le Livre), 랭보의 착란(le dérèglement), 페소아의 이음이의(les hétéronymes)와 같은 것)을 연구하는 것은 문제가 아니다. 그렇지만 몇 가지는 지적해 보자.

1) 우리의 시인들이 추구한, 그리고 그들을 철학적 봉합의 효과들로부터 벗어나게 만든 기본 노선은 **대상 범주의 해지**(destitution)이다. 더 정확히 말하자면, 현시의 필요 불가결한 형식들로서의 대상과 대상성(objectivité) 범주의 해지가 그것이다. 시인들의 시대에 시인들이 시도한 것은 대상이라는 현시적 범주에 의해 존재가 지탱될 수 없는 바로 그곳에서 존재에 이르는 길을 여는 것이었다. 그때부터 시(poésie)는 본질적으로 **탈대상화하는** 것이 된다. 이는 결코 의미(sens)가 주체에 혹은 주체적인 것에 내맡겨짐을 뜻하는 것이 아니다. 정반대로 이는 '대상' 또는 대상성과 '주체' 사이에서 봉합을 통해 조직화된 바로 그 유대를 시가 날카롭게 의식하고 있다는 데서 연유한다. 이 유대는 지식(savoir) 혹은 앎(connaissance)을 구성하는 것이다. 그러나 시가 시도하는 존재에의 접근(l'accès à l'être)은 앎의 질서에 속하지 않는다. 그 길

은 그러므로 주체/대상이라는 대립쌍에 대각선을 긋는다[그럼으로써 이 대립쌍은 무효화된다].• 랭보가 '주체적인 시'(poésie subjective)에 야유를 퍼부을 때, 또는 말라르메가 시란 주체로서의 작가가 부재할 때만 일어난다고 밝힐 때, 그들은 시가 진술하는 것이 대상성에도 속하지 않고, 주체성에도 속하지 않는 한에서 시의 진리가 도래한다고 이해하는 것이다. 봉합된 여러 철학이 칸트를 내세우면서 주장하는 것처럼, 경험의 정합성이 객관성(objectivité)에 연결된다면, 그때 시인들의 시대의 모든 시인들은 존재가 비정합적이라고 과감하게 옹호해야만 하기 때문이다. 첼란은 그것을 훌륭하게 요약할 것이다.

비정합성에
의거하라

현존의 흔적 또는 현존의 문턱[경계](seuil)을 찾는 시는 우리가 대상성의 테마를 간직하면서 그러한 문턱에 머무를 수 있다는 것을 부정한다. 그리고 그 결과, 대상의 필연적인 상관물인 주체도 그러한 경험의

• 이 부분에서는 시인들의 공헌이 대상/대상성과의 철저한 단절을 이루어냈다는 것이 문제가 된다. 대상성에 대한 시인들의 비판은 그것과 연결되어 있다고 간주된 주체의 문제에까지 확장된다. 그러나 그 주체는 대상과의 유대 안에서 파악된 주체이다. 바디우는 존재에 대한 시의 접근이 대상성의 체계라고 할 수 있는 앎의 질서 바깥에 있음을 강조함으로써 시인들의 주요한 표적이 대상성에 있었음을 드러내고 있다. 결국 앎의 질서를 중심으로 구성되는 주체/대상이라는 대립쌍은 시에 의해 무효화되는 것이다. 이에 대해서는 이 책의 제9장 「문제들」을 참고하라. 바디우는 대상성의 문제를 다루면서 대상 없는 주체의 가능성을 논하고 있다.

버팀목이 될 수 없다. 시가 암흑 속에서 시대의 어두움을 포착했다면, 그것은 그 시대의 〔진리 생산〕 절차들의 다양성•과 심지어 그 절차들의 화해 불가능한 차원에도 불구하고, 주체/대상이라는 '대상화하는' 틀을 시가 해지했기 때문이다. 그 틀에서는 시대가 정향되었던 것이 그 봉합의 요소 속에서 철학적으로 옹호되었다. 시적 탈정향이란 무엇보다도 모든 앎에 구멍을 내고 앎을 말소시키는 진리의 법칙 아래에서, 대상성과 주체성을 동시에 벗어나는 하나의 경험이 존재한다는 것이다.

2) 하이데거의 사유에 힘을 부여했던 것은 **대상성에 대한 시적 해지를 적확하게 철학적인 대상성 비판과 결합시킨 작업이었다.** 〔이러한 시도가〕 이번에는 시적 조건에 〔철학을〕 봉합시키는 양식에 지나지 않았다는 점을 제외하면 그의 천재성은 다음과 같은 것에 있다.

—특히 칸트에 대한 검토를 통해 앎〔인식〕의 교의에서 '근본적 존재론'을 분리한 것은 그 교의 속에서 칸트적인 비판의 지침이자 절대적인 한계인 대상 범주를 유지하는 데서 비롯되었다는 점을 파악한 것.

—그렇다고 해서 주관주의 또는 후설에 의해 궁극적으로 추구된 길인 근본적인 의식철학에 빠지지 않고, 반대로 형이상학의 마지막 화신(化身)이자 대상성의 필연적인 상관물로 간주되는 주체라는 테마의 해체를 발언한 것.

—그렇게 시적 시도의 잠재적 토대인 구분, 즉 지식과 진리 사이의 주된 구분, 또는 앎과 사유 사이의 주된 구분을 확고하게 유지한 것.

• 이 책의 제3장 「근대성」 참고.

—그와 같이 철학을 시에 넘겨주는 것이 가능해지는 지점에 도달한 것. 이 봉합은 힘 있는 보증물로 나타난다. 왜냐하면 시인들의 시대가 있었던 것은 사실이기 때문이다. 시인들의 실존은 그것 없이는 난점 투성이이고 절망적일 수 있는 하이데거의 사유에 역사성 · 현실성의 기초를 부여했다. 이러한 기초는 하이데거의 유일한 실재적 경우였을 것을 그 사유에 부여하기에—그 정치적 역사성의 환상이 나치의 공포 속에서 구체화되고 해소되는 한—용이한 것이다.

오늘날까지, 하이데거의 사유는 그것이 시에서 중요했던 것, 특히 대상의 물신주의의 해지, 지식과 진리의 대립, 그리고 마침내 우리 시대의 본질적인 방향 상실을 포착하는 유일한 사유였다는 점에서 설득력을 갖는다.

따라서 하이데거에 대한 근본적 비판은 다음과 같은 것만이 가능하다. 시인들의 시대는 완결되었다. 철학 역시 시적 조건으로부터 탈봉합시켜야 한다. 그것이 의미하는 것은 다음과 같다. 탈대상화, 탈정향은 오늘날 더 이상 시적 은유 안에서 진술되야만 하는 것이 아니다. 탈정향은 개념화될 수 있다.

3) 그럼에도, 시인들의 시대에 대한 하이데거의 평가에는 왜곡된 점이 있다. 하이데거는 마치 시적인 말하기가 대상성의 해지와 과학의 해지를 동일시한 것처럼 만들었다. 기술적 고뇌 한가운데에서의 열림을 감행하면서, 시는 무화하는 의지로서의 주체의 범주, 세계의 대상화 범주 속에 사로잡힌 '근대 과학'을 법정에 불러 세우고 위협한다는 것이다. 하이데거는 수학과 시의 이율배반을 지식과 진리의 대립, 또는 주체/

대상 쌍과 존재의 대립에 일치시키는 방식으로 '조립'한다. 그런데 이 조립은 시인들의 시대의 시 안에서는 읽어낼 수 없다. 시인들과 수학의 진정한 관계는 전혀 다른 질서 속에 있다. 그 관계는 뒤얽힌 경쟁 관계, 같은 지점에서의 이질적 공존으로 나타난다. 말라르메의 시에서 '대수학적'(algébrique) 의지는 명백하게 드러난다. 그리고 그가 '당신들 수학자들은 숨을 거두었다'라고 쓸 때, 이것은 무한과 우연의 공모(conspiration)가 행해지는 바로 그곳에서 시가 수학을 지양한다는 것을 지적하기 위해서이다. 랭보가 과학의 문자적 본질에 대한 특별히 심오한 판결로서 '무기력한 자들이 알파벳의 첫 번째 문자에 대해서 사유하게 되었다. 이들은 빠르게 광기에 빠져버리고 말리라!'라고 적을 때, 그는 동시에 구원자의 착란 옆에 수학의 열정을 기입한다. 왜냐하면 수학은 바로 문자들을 사유에 사용하는 것에 대한 결정이기 때문이다. 플라톤과 스피노자와 칸트의 진정한 후계자인 로트레아몽(Lautréamont)은 주체/대상 또는 인간/세계의 쌍이 해지되는 특정 지점에서 수학이 그를 구했다고 생각한다. '오 엄격한 수학이여, 나는 그대를 잊지 않았다. 꿀보다 감미로운 그대의 지혜로운 교훈이 청량한 파동처럼 나의 가슴에 스며든 이래로. 당신이 없었다면, 인간에 대항하는 나의 투쟁 속에서 나는 아마도 무릎 꿇었을 것이다.'

그리고 페소아가 '뉴턴의 이항 정리는 밀로의 비너스만큼 아름답다/문제는 이것을 알아차린 사람이 아주 적다는 것이다'라고 쓸 때, 그는 정언 명령은 수학의 잠재적 허무주의에 시의 진리를 대립시키기보다는, 차라리 '적은 사람들'이 아닌 모든 사람이 마침내 아름다움의 동일성[시와 수학이 갖는 아름다움의 동일성]을 알아차리도록 만드는 것이라고 사유하기를 우리에게 요구한다.

이러한 점에서 시를 섬기는 철학자보다 더욱 심오한 시는, 수학과 함께 사유를 공유하고 있다는 의식을 전적으로 가지고 있었다. 왜냐하면 수학 역시 문자의 그 순수한 사용 속에서, 모든 다수의 현시에 공허하게 봉합된 가운데, 대상성[객관성]의 우위를 의문에 부치고 해지한다는 것을 시는 막연히 지각했기 때문이다. 시인들은 수학의 대상 같은 것은 존재하지 않는다는 점을 수학자들 자신보다 더욱 잘 알고 있었던 것이다.

모든 봉합은 과장(exagération)인데, 왜냐하면 하이데거와 마찬가지로 내가 주장했던 것처럼, 철학은 문제를 악화시키기 때문이다. 자신의 조건들 중 하나에 봉합된 철학은 그 조건의 실행 속에서는 알아차릴 수 없는 미덕들을 제시한다. 시를 사유와 위험의 유일한 형상이자 고통과 구원의 숙명적 심급으로 고립시키고 르네 샤르(René Char)를 따라 '시인들과 사상가들의 힘'을 검토하는 데까지 나아가면서, 하이데거는 시의 권한을 침범했다. 시의 권한은, 안타깝게도 샤르가 자주 그런 것처럼, 시가 휴식을 취할 때를 제외하면, 그러한 단일성[사유의 단일한 형상]을 법칙으로 정하지 않으며, 특히 수학을 (또한 정치와 사랑을) 전혀 다른 방법으로 취급한다. 하이데거는 시에 비추어, 실재하는 정치가 자기 자신에 대해서 진술할 수 있었던 것을 훨씬 넘어 마르크스주의적 봉합의 내부에서 정치를 철학적으로 절대화한 사람들(나도 여기에 포함된다)보다 더 잘 하지는 않았다. 터무니없는 약속에 관한 한, 과학으로는 가능하지 않은 약속, 그것이 무엇이건 과학에 전적으로 낯선 약속을 실증주의 철학자들이 과학으로부터 끌어낸 것보다 〔하이데거가〕 더 나을 것도 없다.

4) 시인들이 행했던 탈대상화의 '방법'은 시인들의 시대의 시인을 받아들여 사유할 수 있게 하는 주된 작업이다. 이는 대개 아주 복합적인 절차로, 지식이 아닌 진리를 생산하기 위해, 주체/대상 쌍의 해지라는 은유적 운동 속에서 탈정향을 진술하기 위해 시인이 사용하는 것이다. 이것이 바로 시인들을 구별하고 시인들의 시대를 구분하는 절차들이다. 이 절차들은 주로 다음과 같은 두 가지 유형으로 나타난다. 결핍화 또는 초과화. 〔이러한 절차 속에서〕 **대상**(강조—옮긴이)은 그 자신의 자기 해소에 의해 현존으로부터 벗어나거나 철회된다.(이것이 말라르메의 방법이다.) 또는 자신의 출현 영역으로부터 끌어내지고, 자신의 고독한 예외에 의해 파괴되어, 그때부터는 모든 다른 것들을 대체할 수 있게 된다.(이것이 랭보의 방법이다.) 시는 결핍을 질서 짓거나 현시를 교란한다. 마찬가지로 **주체**(강조—옮긴이)는 부재에 의해서(말라르메), 또는 실제적인 복수화(pluralisation)에 의해서 소멸된다.(페소아, 랭보: '많은 사람들을 마주하여, 나는 큰 소리로 그들의 다른 삶들 중 하나의 삶의 한 순간을 이야기했다. 그래서 나는 돼지를 사랑했다.')• 이 시들이 철학을 정의하는 사유 공간의 '골격'에 얼마나 밀접하게 연결되어 있는지를, 사실상 그 '골격'을 임시적으로 대체하고 있다는 것을 이 절차들의 목록보다 더

• 이에 대해서는 「랭보의 방법」, 『조건들』을 참고하라.

잘 보여주는 것은 없다.

5) 첼란의 작품은 종착점에서 그리고 시의 내부에서, 시인들의 시대의 종말을 진술한다. 첼란은 횔덜린을 완성한다.

8

사건들

오늘날 철학을 탈봉합시키고 철학의 부활을 선포하는 것은 가능하며 따라서 필요하다는 점. 과학적 조건(실증주의), 정치적 조건(마르크스주의), 그리고 시적 조건(니체에서부터 오늘날까지)의 연속적이고 파괴적인 특권이 야기한 오랜 중단(suspension) 후에, 명령은 진리에 대한 전면적으로 개정된 교의에서 출발하여 네 가지 조건들을 짜내는 것으로 다시 돌아간다는 점. 따라서 〔철학의〕 임무는, '철학의 종말', '형이상학의 종말', '이성의 위기', '주체의 해체'라는 반복되는 공언과 단절하여, 근대적 이성의 끈을 다시 붙잡고 '데카르트적 성찰'의 혈통 속에서 한 걸음 더 나가는 것이라는 점. 만약 그 의미를 근거 지었던 것이 네 가지 조건 각각의 등재 속에서, 비록 아직은 불안정하거나 중단된 명명에 따른다 할지라도, 그것이 갑자기 나타나는 결정적인 사건의 지위를 갖지 않는다면, 이 모든 일들은 단지 자의적인 주의주의에 지나지 않는다. 수학의 사건, 시의 사건, 사랑이라는 사유의 사건, 창안적 정치의 사건들이야말로 우리에게 철학의 귀환을 규정한다. 이러한 규정은 이 사건들로부터 지금 명명 가능한 것을 위한 모음(recueil)과 피난처(abri)라는 지적(intellectuel) 장소를 배치하는 능력 속에서 이루어진다.

수학의 질서 속에서, 칸토어에게서 코언에게까지 진행되는 도정이 이러한 사건을 구성한다. 그것은 다수 이론의 중심적인 역설을 정초하며, 처음으로 그 역설을 식별 불가능한 다수성인 것의 식별 가능한 개념 속에서 완전히 논증적인 방식을 통해 단언한다. 라이프니츠가 제안했던 것과는 반대의 의미에서, 그 도정은 존재-로서의-존재에 대한 합리적 사유가 언어의 지배력에 복종하느냐 그렇지 않으냐 하는 문제를 해결한다.• 전혀 그렇지 않다는 점, 그리고 반대로 이는 언어의 어떠한 속성도 제한하지 않는 다수성, 정체 모를, 명명 불가능한 '유적' 다수성의 실존을 고려하는 것일 뿐이라는 점, 우리가 주어진 다수에 존재의 진리를 접근시킬 수 있는 기회를 가지고 있다는 점을 오늘날 우리는 알고 있다. 만약 진리가 지식에 구멍을 내며 따라서 진리의 지식은 없고 단지 진리의 생산만이 있을 뿐이라면, 그것은 그 존재 안에서 수학적으로 사유된—따라서 순수한 다수성으로서—진리는 모든 정확한 지칭

• 잘 알려진 바와 같이 바디우는 칸토어에서 코언에 이르는 현대 집합 이론을 존재론으로 간주한다. 그에 따르면 존재론은 철학의 영역이 아닌 수학의 영역에 속한다. 현대 집합 이론이 드러낸 것은 존재-로서의-존재에 대한 합리적 사유로서 존재의 질서가 언어의 영역을 벗어난다는 점이다. 여기서 바디우는 유명론과 결별한다. 바디우가 주장하는 진리는 사건으로부터 출현하는 존재이며 기존의 언어 질서에서 벗어난 존재이다. 그래서 바디우는 언어를 통해 명명 불가능한 것, 언어가 지배하는 지식 체계로부터 벗어난 식별 불가능한 것으로 진리를 정의한다. 이에 대한 자세한 논의는 『존재와 사건』의 제6부와 제7부를 참고하라.

으로부터 벗어나 있으며, 유적이고, 지칭이 식별하도록 하는 것에 비추어 과잉되어 있다는 것을 의미한다. 이러한 확신을 위해 치러야 할 대가는 다수의 양(quantité)이 비결정, 즉 존재 자체로 실재 전체를 만들어내는 일종의 이접적인(disjonctive) 균열을 지탱한다는 것이다. 말하자면, 무한한 다수의 원소들의 '수'와 그것의 부분집합들의 수 사이의 양적인 관계를 사유하는 것은 본질적으로 **불가능하다**는 것이다. 이 관계는 오직 **방황하는 초과**의 형식만을 가진다. 말하자면 우리는 부분집합들이 원소들보다 수가 더 많다는 것(칸토어의 정리)을 알고 있다. 그러나 이 '더'의 어떠한 기준도 세워질 수 없다. 게다가 **사유 속에서** 중대한 **방향 설정**이 이루어지는 것은 이러한 실재적 지점—무한한 양 속에서 방황하는 초과—에서이다. **명목론**의 사유는 이 결과를 거부하고, 명명 가능한 다수성들만을 실존하는 것으로 인정할 뿐이다. 명목론의 사유는 내가 말하는 수학의 사건 이전에 있고, 따라서 그것은 보수적인 사유이다. **초월론**의 사유는 일상적인 기준들 너머에 위치한 다수-지점에 대한 규정이 초과의 방황을 '위로부터' 정하고 고정시킬 것이라고 확신한다. 그것은 식별 불가능한 것을 허용하는 사유지만, 여기서 식별 불가능한 것은 어떤 '최상의' 다수와 관련된 무지의 일시적인 효과이다.• 따라서 그 사유는 초과와 방황을 존재의 법칙으로 인정하지 않고, 우리

• 이 부분에서 바디우는 방황하는 초과분, 즉 고정할 수 없는 초과분에 대한 세 가지 입장을 언급하고 있다. 그중 초월론의 사유는 초과분의 존재를 인정하지만 그것이 존재의 법칙이라는 사실은 인정하지 않는다. 이 사유는 결국 어떠한 최상의 다수가 식별 불가능한 것을 식별할 수 있을 것이라고 생각한다. 그렇기에 초월론의 사유는 초과분의 식별 불가능성이 존재의 성격이 아니라 무지에서 연유하는 일시적인 효과일 뿐이라고 주장하는 것이다.

가 아직 완전한 언어를 소유하지 못했음을 인정하면서, 완전한 언어를 희망한다. 이는 예언자적 사유이다. 마지막으로 유적 사유는 식별 불가능한 것을 모든 진리의 존재 유형으로 가정하고, 초과의 방황을 존재의 실재로, 존재의 존재로 간주한다. 그를 통해 모든 진리는 사건에 매인 것이고, 기존의 지식으로 환원 불가능한 것이며, 이 사건에 충실한 사람들의 활동을 통해서만 규정되는 무한한 생산이라는 결론이 도출되기 때문에, 유적 사유는 가장 넓은 의미에서 투쟁적인 사유라고 이야기할 수 있다. 만약 여기에서 수학의 사건을 위한 이름을 부여하는 위험을 무릅쓴다면,—우리는 이 사건과 동시대의 철학자들이기 때문이다—우리는 이 사건이 순수 다수의 진리-내-존재(être-en-vérité)로서(따라서 존재-로서의-존재의 진리로서) 식별 불가능한 다수성의 사건, 또는 유적 다수성의 사건이라고 말하는 것에 동의할 것이다.

사랑의 질서, 즉 사랑이 사실상 진리들의 담지자라는 것에 대한 사유의 질서 속에서, 사건은 라캉의 저작이다. 우리는 여기서 정신분석학의 지위에 대한 보충적 질문, 즉 '정신분석학은 과학인가?'라는 질문의 형태 아래서 실증주의적 봉합에 준거하여 예전에 공식화된 질문으로 들어가서는 안 되며, 오히려 나는 다음과 같이 진술할 것이다. '정신분석학은 유적 절차인가? 정신분석학은 철학의 조건의 일부인가?' 플라톤 이래로 프로이트와 라캉에 이르기까지 철학은 네 가지 유적 절차만을 알아야 했기에, 정신분석학이 철학자에게 정신분석학을 다섯 번째 유적 절차로 취급할 것을 요구한다는 것이 중요하다는 사실에 주목해 보자. 그리고 그것이 정신분석학 신봉자들에게서 흔히 보이는 오만함을 어느 정도 정당화했다는 사실에 주목해 보자. 그것은 사실상 사유 속에서의 혁명이며, 철학을 형성하는 활동에 있어 전적으로 새로운 시기일 것이다. 그러나 〔결국〕 정신분석학이 제도적 실천들에 기댄 의견의 기제일 뿐이라고 가정하면, 그로부터 프로이트와 라캉은 실제로 위대한 사상가들, 철학자들이었다는 결론을 내릴 수 있을 뿐이다. 왜냐하면 이 의견의 기제에 대하여 그들은 당대의 유적 절차들이 공가능성의 피난처와 접대소를 찾으러 오는 일반 공간을 개념화하는 데 기여했기 때문이다. 어떻게 보건 그들은 다양하게 봉합된 철학이 그 시대에 포기했던 주체의 범주를 유지하고 개작하는 엄청난 장점을 가질 것이다. 그들은 자신들의 방식으로 '데카르트적 성찰'을 추구할 것이고, 라캉이 자신의 본질적인 작업의 시초에서부터 '데카르트로의 회귀'라는 슬로건을 제창했던 것에는 어떠한 우연도 없다. 아마 그들은 심지어 철학자의 지위를 인정하지 않으면서만, 게다가 라캉처럼 반철학을 표방하면서만 그것을 할 수 있었던 것이다. 프로이트와 라캉의 사유의 상황은 아마도 그 이면으로서 시인들의 시대의 탈주체화 작용을 동반하는 것이었다.

라캉을 욕망이나 주체의 이론가가 아닌 사랑의 이론가로 만드는 것은 특이하게 보일 수도 있다. 그것은 내가 여기에서 그의 사유를 철학의 조건들이라는 엄격한 관점에서 검토하기 때문이다. 사랑이 라캉의 명시된 저작들의 중심적 개념이 아니라고 보는 것은 전적으로 가능하다. (그럼에도 그가 사랑에 바친 텍스트들의 수와 복잡성은 징후적이다.) 그러나 라캉의 시도가 철학의 르네상스를 위한 사건과 조건을 만드는 것은 바로 사랑을 다루는 사유의 혁신이라는 관점으로부터이다. 게다가 나는 라캉이 쉬지 않고 함께 대화했던 『향연』에서의 플라톤, 그 플라톤의 사랑의 이론 이래로 라캉의 것만큼 심오한 사랑의 이론을 알지 못한다. 라캉이 '만남 속에서 존재 그 자체에 가 닿게 되는 것은 바로 사랑이다'라고 썼을 때, 그가 사랑에 할당하는 본래의 존재론적인 기능은 자신이 이 지점에서 철학의 윤곽 속에 무엇을 삽입하고 작동시키려 하는지에 대한 의식을 잘 보여준다.

사랑은 자신이 감내하는 이미지인 일자의 지배의 분할 속에서 둘이 사유되기 시작하는 지점인 것이다. 우리는 라캉이 주체의 여성 '부분'과 남성 '부분'인 성의 둘에 관한 일종의 논리적인 연역을 행했다는 것, 여성을 '비-전체'로, 남성의 극을 그렇게 이 빠진 전체의 벡터로 정의하기 위하여 부정과 양화기호(보편양화기호와 실존양화기호)를 결합하는 가운데 〔두 성 사이의〕 분할을 행했다는 것을 알고 있다.• 사랑은 그 자

• 라캉은 그의 세미나 제20권에서 그 유명한 성 구분 도식을 보여준다. 그는 보편양화기호 ∀와 실존양화기호 ∃를 사용하여 남성과 여성이라는 성의 '둘'을 팔루스 함수 Φ의 매개를 통해 분리해 낸다. 예컨대 남성의 입장은 ∃x-Φx와 ∀x Φx로 표기되는 부분으로서 팔루스 함수에서 벗어나는 예외적 존재를 상정하는(∃x-Φx) 동시에 그것이 모든 남성에게 적용된다고(∀x Φx) 말한다. 반면 여성은 남성적 입장의 부정으로서 -∃x-Φx와 -∀x Φx로 표기된다. 팔루스 함수에서 벗어나는 어떤 여성도 없는(-∃x-Φx) 동시에 모든 여성이 팔루스 함수에 복종하는 것은 아니라는 것(-∀x Φx)이 그 의미이다. 이 도식에 따르면, 팔루스 함수를 모든 여성에게 적용할 수 없다는 점에서 여성은 비-전체이며 보편성을 부정하는 입장이 된다. 결국 여성의 입장은 남성의 입장이 갖는 보편성에 대한 부정이다. 이에 대해서는 서용순, 「비-관계의 관계로서의 사랑」, 『라깡과 현대정신분석』 10권 1호(2008)를 참고하라. 라캉의 입장에 대한 바디우의 비판적 검토로는 『조건들』의 제6장 제2절 「주체와 무한」을 일독하기를 권한다.

체로 비-관계와 탈-유대의 요소 속에 있는 역설적 둘의 현실성이다. 사랑은 그 자체로서의 둘의 '접근'이다. 만남이라는 사건(플라톤이 이미 힘주어 주장한 그 '갑작스러움')에 기원을 둠으로써 사랑은, 이 둘을 통해 이미 일자의 법칙에 대한 돌이킬 수 없는 초과를 구성하는 것에서부터 무한하고도 완성될 수 없는 경험을 만들어낸다. 나는 나의 언어로 말할 것인데, 사랑은 성차에 대한 진리를, 지식에서 벗어나는 진리를, 특히 서로 사랑하는 이들의 지식에서 벗어나는 진리를 이름 없는 또는 유적인 다수성으로 도래하게 한다. 사랑은 만남이라는 사건에 대한 충실성 속에서 이루어지는 둘에 대한 진리의 생산이다.

라캉은 철학을 위해 사건을 만든다. 왜냐하면 그는 둘에 대한, 둘의 탈-유대 안에서 일자의 이미지에 대한 모든 종류의 미묘함을 배열하고, 그리고 거기에 사랑의 유적 역설을 정돈하기 때문이다. 게다가 경험이 풍부한 그는 가령, 궁정풍의 사랑과의 비교와 참조를 통해 사랑의 동시대적 상태 역시 진술할 줄 안다. 그는 그 생생한 절차와 차이의 장애물에 따른 절합된 개념들을 제안할 뿐만 아니라 국면에 대한 분석 또한 제안한다. 이것이 라캉의 반철학이 철학의 부흥의 조건이 되는 이유이다. 오늘날 철학은 라캉과 공가능해야 한다는 점에서만 가능하다.

정치의 질서 속에서, 사건은 대략 1965년부터 1980년까지의 역사적 시퀀스에 집중되어 있는데, 이때는 실뱅 라자뤼스(Sylvain Lazarus)가 '(정치적인 관점에서) 불투명한 사건성'이라고 부르는 것이 이어진다. 그것은 다음과 같은 사건들이다. 1968년 5월과 그 후속 사건들, 중국의 문화대혁명, 이란 혁명, 폴란드의 노동 운동과 민족 운동('연대노조'). [•] 순수한 사실로서 이 사건들이 상서로운 것인지 불길한 것인지, 승리한 것인지 패배한 것인지를 여기서 말하고자 하는 것은 아니다. 분명한 것은 우리가 이 사건들의 정치적 명명을 미결인 상태로 남겨두고 있다는 것이다. 확실히 폴란드 노동 운동을 제외하면 이 정치적이고 역사적인 경우들은, 그것이 그 행위자의 의식 속에서, 게다가 한편으로는 시대에 뒤처진 자신의 성격을 발언하는 사유의 틀 안에서 스스로를 재현하였다는 점에서 더욱더 불투명하다. 그렇게, 68년 5월이나 문화대혁명은 공통적으로 마르크스-레닌주의에 의거하고 있었고, 마르크스-레닌주의의—정치적 재현의 체계로서의—붕괴는 그 사건들의 본질 속에 정확하게 기입되어 있었다는 것이 곧 드러났다. 비록 이 체계 안에서 사유되었다고 하더라도, 일어난 사건들은 이 체계 속에서 사유 가능한 것이 아니었다. 같은 방식으로 이란 혁명은 대중의 확신과 그 상징화의 핵심이 모든 면에서 구시대적인 이슬람 예언을 넘어서는데도 불구하고 종종 이 예언 속에 기입되었다. 하나의 사건이 사건적 장소에 비추어서 뿐만 아니라 유통되는 언어에 비추어서도 정원 외적이라는 것을 개입의 불투명성과 재현의 공허한 투명성 사이의 불일치만큼 잘 증명해 주

• 이 사건들 중 마르크스주의와 같은 옛 이념에 근거하지 않은 새로운 시도는 폴란드의 '연대노조 운동'이다. 그 형태에 있어서 고전적인 노동 운동이었던 폴란드 연대노조는 마르크스주의적 가설의 궁극적 토대를 무너뜨린 사건이었다. 이 노동 운동은 이른바 마르크스-레닌주의에 대항하는 입장을 취했다는 점에서 마르크스주의에 완전히 외적인 것이었다고 말해야 한다. 이에 대해서는 바디우의 『정치는 사유될 수 있는가』의 제1부 제4장 "Signification universelle du mouvement ouvrier polonais"를 참고하라.

는 것은 없다. 이 불일치로부터, 문제가 되는 사건들은 아직 명명되지 않았다는 것, 아니면 차라리 그 사건들의 명명(내가 사건에 대한 개입이라고 부르는 것) 작업이 아직 완료되지 않았고, 완료와는 거리가 멀다는 결론이 나온다. 오늘날 정치란 무엇보다도 이 명명을 장기에 걸쳐 충실하게 안정시키는 능력이다. 철학에 의해 개념적 공간으로 배치되는 것이 이러한 안정화와 동질적이라는 사실이 밝혀졌다는 점을 정확히 고려했을 때, 철학은 정치의 조건 아래 있다. 이 안정화의 고유한 과정은 엄격하게 정치적이다. 우리는 68년 5월과 폴란드 등이 어떻게 철학의 탈봉합화라는 성격을 띠는지 본다. 거기서 정치에 대해 문제가 되는 것이, '변증법적 유물론'이 스탈린적인 정치에 대해 그렇다고 주장했던 것처럼, 철학에 연속적인 것은 확실히 아니다. 반대로 철학을 조건 짓는 것은 사건의 초과적 차원과 이 초과가 정치에 명령하는 임무이다. 왜냐하면 사건에 대해 정치적으로 창안된 명명이 수학과 시와 사랑의 질서 내에서 동시에(즉 우리 시대에) 단절을 만들어낸 것과 공가능하다는 점을 밝히는 데에 철학의 임무가 있기 때문이다. 철학은 새롭게 가능하다. 단지 철학이 역사나 정치에 관한 법칙을 수립해야만 하기 때문이 아니라, 다만 불투명한 사건성으로부터 출발하여 정치의 가능성에 대한 동시대적 재개(再開)를 사유해야 하기 때문이다.

시의 질서 속에서, 사건은 바로 첼란의 작품이다. 그 자체로, 그리고 동시에 시인들의 시대를 통틀어 그 최극단에서 첼란의 작품이 보유하는 것을 통해서 말이다. 철학이 시적 조건에 불가피하게 봉합된다는 것을 발언할 때, 데리다, 가다머 또는 라쿠-라바르트의 시도와 같은 다양한 사유의 시도들이 바로 첼란의 시들에 근거한다는 점은 징후적이다. 내가 (나름대로 이미 페소아와 만델스탐의 시들에도 부여했던 것처럼) 첼란 시들에 부여하는 의미는 정확히 정반대이다. 그 시들에서 나는 시적으로 진술된 고백을, 시가 그 자체로 더 이상 스스로 충분하지 않다는 고백을, 시가 봉합의 짐에서 벗어나기를 요구한다는 고백을, 시가 시의 압도적인 권위로부터 해방된 철학을 희망한다는 고백을 읽는다. 라쿠-라바르트가 첼란에게서 '예술의 중단'을 꿰뚫어 보았을 때, 그는 그러한 요구를 우회적으로 직관했다. 내 생각에 중단이란 시의 중단이 아니라 철학이 스스로를 내맡긴 시의 중단이다. 첼란의 비극은 시라는 유일하고 고독한 자원을 통해, 시대의 무의미, 즉 시대의 방향 상실의 의미와 맞닥뜨려야만 했던 것이다. 「아나바시스」•에서 그가 '장막이라는 말: 함께'를 향한 '거슬러 오름'을 상기시킬 때, 그가 열망하는 것은 '시 바깥으로 나가는 것'이고, 은유의 단일성 속에 덜 함몰된 사유를 공유하는 것이다. 이 시가 우리에게 물려준 명령, 즉 우리로 하여금 어딘가 다른 곳에서 그 이름을 찾으라고 명령하는 사건, 그것은 우리 시대의 개념적 배치를 분할 가운데 모아내는 재구성에 대한 시적인 호소이고, 시인들의 시대의 종말을 시 안에서 정식화하는 것이다. 시인들의 시대에 대해 우리는 다음과 같은 것들을 너무 잘 잊곤 한다. 시인들의 시대가 그 시인들에게 영광뿐만 아니라 고통과 고독, 시에 봉합된 철학 때문에 줄어들지 않고 가중되기만 하였던 고독을 가져다주었다는 것을 말이다.

• 1963년에 발표된 첼란의 시. 이 시의 제목은 그리스 시대 크세노폰(Xenophon)의 산문인 "Anabasis Kyrou"에서 따온 것이다.

진실로 모든 것은 우리 시대의 거의 신비화된 에피소드인 첼란과 하이데거의 만남에 부여된 의미에 근거한다. 라쿠-라바르트의 테제는 살아남은 유대인 시인이 무엇인가를 할 수 없다는 것이다. 그 무엇이 무엇인가? 관용? 인내? 어쨌든 첼란의 면전에서, 그리고 모두의 면전에서 시인들의 철학자가 〔유대인〕 학살에 대해 가장 완벽한 침묵을 지켰다는 사실을 넘겨버리는 것을 할 수 없다는 것이다. 나는 그것이 진실임을 조금도 의심하지 않는다. 그러나 역시, 그리고 필연적으로, 철학자를 만나러 가는 것은 철학자가 행하는 시대의 의미를 향한 '거슬러 오름'이 시-이상의-것(l'outre-poème)이라는 요소 안에서 무엇을 기대할 수 있는가를 시험하는 것이었다. 그런데, 그 철학자는 〔다시〕 시를 가리켰고, 정확하게 그래서 시인은 그와 마주하여 그 어느 때보다 더 외로운 이가 되었다. '왜 시인들인가?'라는 하이데거의 질문은, 시인에게는 '왜 철학자들인가?'라는 질문이 될 수 있다는 것, 그리고 만약 이 질문에 대한 답이 '시인들이 있기 위해서'라면, 시인의 고독은 배가된다는 점을 보아야 한다. 첼란의 작품은 고독을 지양하기를 시적으로 요구하면서 이 고독을 사건으로 만든다. 그 만남의 두 의미들은 게다가 모순적이지도 않다. 어떻게 하이데거가 첼란의 시가 자기 방식으로 그랬던 것처럼 시의 거울을 깨버릴 수 있었겠는가? 정치적 조건들의 질서 안에서, 그 자신의 민족사회주의 참여를 해명할 수 있다고 믿지 않았던 하이데거가 말이다. 유대 시인을 가장 심각한 방식으로 공격하는 것과는 별개로, 그 침묵은 또한 치료 불가능한 철학적 태만이었다. 왜냐하면 그 침묵은 봉합의 환원적이고 무화적인 효과를 참아낼 수 없는 지점까지, 그 절정까지 가져갔기 때문이다. 거기에서 첼란은 시에 대한 철학적 물신주의〔하이데거의 철학이 의미하는 것〕가 궁극적으로 제공하는 것을 실험할 수 있었다. 그의 시적 작업의 가장 심오한 의미는 우리를 그 물신주의로부터 벗어나게 하는 것, 사변적인 기생으로부터 시를 해방시키는 것, 이제는 시가 수학, 사랑, 정치적 창안과 함께 사유와 이웃하도록 해야 하는 그 시대의 박애로 시를 돌려놓는 것이다. 사건은 시인 첼란이 절망과 불안 속에서 이러한 회복의 통로를 시에서 드러냈다는 것이다.

그런 것들이, 각각의 유적 절차들 속에서, 오늘날 철학을 조건 짓는 사건들이다. 우리의 의무는 사건들을 맞이할 수 있는 개념적 짜임을 생산하는 것이다. 비록 거의 명명되지 못하고, 게다가 여전히 탐지되지 못한다 하더라도 말이다. 어떻게 코언의 유적인 것, 라캉의 사랑 이론, 68년 5월과 폴란드에 충실한 정치, 시-이상의-것에 대한 첼란의 시적 호소가 사유에 있어 동시적으로 가능한가? 그것을 총체화하는 것은 전혀 문제가 아니다. 이 사건들은 이질적이고, 정렬 불가능하다. 경우에 따라 다르겠지만 아마도 이 이름들과 이 행위들의 모든 명시적인 언급으로부터 가장 멀리서, 아마도 그것들 바로 가까이에서, 그것은 사유의 개념들과 규칙들을 생산하는 문제이다. 그러나 그 개념들과 규칙들을 통해서, 우리의 시대는 전혀 일어난 적이 없었던 사건〔이 일어났던 시대로〕, 비록 사람들이 그것을 모르더라도 이제는 모두를 위해 공유된 사유의 사건이 일어났던 시대로 재현 가능할 것이다. 왜냐하면 철학은 모두를 위해 이 '일어났음'의 공동의 피난처를 구성했기 때문이다.

9

문제들

내가 제안하는 철학적 재구성의 몸짓은 그 내용에 있어서 네 가지 유적 절차들에 영향을 끼쳤던 사건들(수학에서는 칸토어-괴델-코언, 사랑의 개념에서는 라캉, 시에서는 페소아-만델스탐-첼란, 정치적 창안에서는 1965년과 1980년 사이의 불투명한 사건성들의 시퀀스(la séquence des événementialités obscures))의 단독성에 의해 폭넓게 규정된다. 이런 사유 사례들의 미결 상태(suspens)를 통해 도입되는 중요한 개념적 문제들, 또 (우리 시대의 사유들이 사유될) 유일한 공간 속에 철학적으로 투영되어야 하는 중요한 개념적 문제들은 일단 사건의 위치가 지정되면 대체로 분명하게 드러난다. 게다가 그러한 문제들이 철학에게서 존재할 권리를 박탈할 때조차 그리고 체계성에 대항하여 논쟁할 때조차, 우리의 철학자들, 하이데거주의자들, 현대적 소피스트들, 형이상학적 라캉주의자들, 시 이론가들, 증식하는 다수성의 신봉자들 모두는 그 문제들에 몰두한다. 우리는 조건들의 명령에서 그렇게 쉽사리 벗어나지 못하는데, 오인된 명령에 대해서도 그렇다. 그 명령을 기초 짓는 것[사건]이 일어났기 때문이다.

그 문제들 가운데 첫 번째는 그것의 통상적인 정식화를 넘어서는, 다시 말해 변증법적 정식화를 넘어서는 둘(le Deux)의 문제이다. 나는 둘의 문제가 사랑에 대한 모든 분석을 지탱함을 보여주었다. 그런데 명백하게도, 충돌이 일어날 수밖에 없는 장소의 형식 속에서 둘은 정치적 혁신의 중심에 있다. 고전적 마르크스주의는 하나의 강력한 이원론이었다. 부르주아지 대 프롤레타리아트. 그것은 적대를 모든 정치적 재현을 가능하게 하는 열쇠로 만들었다. '계급 투쟁'과 '혁명', 그리고 사물에 대한 국가적 전망 속에서의 '프롤레타리아트 독재' 등은 실천에 대한 성찰의 장의 골격을 이루는 것들이었다. 정치는 경제와 착취라는 실재에 기초한 본질적 둘(Deux)에 의해 역사의 운동이 구조화된 한에서만 사유될 수 있었다. 정치는 '경제의 집중이었다.' 이것은 정치가 국가 권력을 둘러싼 둘의 전략을 조직했다는 것을 뜻한다. 정치의 궁극적인 목적은 적의 정치적 장치(machinerie)를 파괴하는 것이었다. 정치는 사회적 지형 위에서 피착취자들을 착취자들에게 대립시키는, 흩어져 있고 다소간 평화적인 대결을 하나의 전 지구적인 대결(affrontement global)로 대체했다. 각 계급이 자신을 대표하는 하나의 정치적 기관, 하나의 계급 정당 속에 스스로를 투영했기 때문이다. 궁극적으로, 오직 폭력(봉기 또는 장기간에 걸친 인민 전쟁)만이 충돌을 해결할 수 있었다. 그러나 바로 1960~70년대의 불투명한 사건성이 당면 문제로 올려놓은 것, 그것은 이 강력한 관념(conception)의 역사적인 부적절함이자 쇠퇴이다. 오늘날 사람들이 추구하는 것은, 충돌을 다루고 그 개입의 장 안에서 구조적 둘을 가지면서도 그 둘을 대상적〔객관적〕 본질로 삼지 않는 정치적 사유이다. 또는 차라리, 진행 중에 있는 정치적인 혁신은 '역사성에서의' 둘이라는 전망을 둘에 대한 대상적〔객관적〕 교설(계급은 생산 과정에 연속적이다)에 대립시키려 한다. 이러한 시도가 뜻하는 바는 실재적 둘이 대상적〔객관적〕인 또는 과학적인 전제가 아니라, 사건적인 생산, 정치적인 생산이라는 것이다.• 우리는 오늘날 둘의 문제에 대한 전복을 행해야 한다. 둘의 문제, 다시 말해 대상성〔객관성〕에 속하는 개념의 유형 자체(계급 투쟁, 또는 성의 이원성, 또는 선과 악)는 사건에 결부되는 우연적인 생산이 고정된 것이다. 이전의 일자와 같은 것이 아닌 그 둘은 도래하는 것이고, 후사건적이다. 일자(계급의 통일성, 사랑의 융합, 구원…)는 어려움이자 임무로서 인간에게 주어진 것이었다. 우리는 오히려 둘보다 더 어려운 것은 아무것도 없다고, 둘보다 우연성과 충실한 노동에 더 동시적으로 종속되는 것은 아무것도 없다고 생각할 것이다. 인간의 지고한 의무는 둘과 둘의 사유, 둘의 실행(l'exercice)을 결합시켜 생산하는 것이다.

두 번째 문제는 대상과 대상성의 문제이다. 내가 보여준 것처럼 시인들의 시대에 속한 시인들의 결정적인 기능은 존재와 진리에 접근한다는 것이 현시의 유기적인 형식(forme organique de la présentation)으로

• 바디우는 '둘'의 문제를 구조에 대한 과학적 이론으로 환원시키지 않고, 사건의 과정 속에 위치시킨다. 그 과정의 결과가 바로 '둘'의 생산이다.

서의 대상 범주를 해지할 것을 전제한다는 사실을 밝히는 것이었다. 대상은 그야말로 지식의 범주일 수 있으며, 그것은 진리의 후사건적 생산에 장애물이 된다. 시적인 탈대상화, 곧 방향을 상실한 시대인 우리 시대의 열림의 조건은 아주 적나라하게 다음과 같은 철학적 언표를 허가한다. 모든 진리는 **대상이 없다.**

그러므로 근본적인 문제는 다음과 같다. 대상 범주의 해지는 주체 범주의 해지를 야기하는가? 이것은 확실히 시인들의 시대의 시들이 대부분 갖는 가시적인 효과이다. 나는 랭보에 있어서의 주체의 복수화(複數化)와 분산, 말라르메에 있어서의 주체의 부재에 주목하였다. 트라클 시의 주체는 '죽음'의 장소를 차지할 뿐이다. 시인에 봉합된 하이데거는 주체와 대상의 범주로부터 '인간'의 동시대적 자리를 사유하는 것은 불가능하다고 말하기에 유리한 입장에 있다. 반대로, 라캉은 주체의 수호자였는데, 그것은 그 역시 대상 범주를 수정하고 재구성했던 한에서만 그러하다. 욕망의 원인으로서의 라캉주의적 대상(그것은 상징화할 수 없고 엄격한 특성을 갖기에 칸트의 '선험적 대상=x'와 실로 매우 가깝다)은 주체의 존재 속에서 주체를 결정한다. 라캉은 이를 다음과 같이 분명히 한다. '언표 속에서 지칭되어 자기 자신에 이를 수 있다고 확신하는 주체는 단지 그러한 대상에 다름 아니다.'•

• Jaques Lacan, "La science et la vérité", *Ecrits*(Paris: Seuil, 1966), pp. 855~77을 참고하라. 라캉의 대상 개념은 기존의 철학적 대상 개념과는 완전히 다르다. 라캉의 대상은 '대상 a'로서, 상징화할 수 없는 것이다.

우리는 오늘날까지 현대 철학의 탈존(désêtre)을 지배해 왔던 봉합의 논리에서 출발하여 상황을 요약할 수 있다. 과학적 조건에 봉합된 철학들은 대상 범주를 가장 중요한 것으로 만들어내며, 대상성은 그러한 철학들의 인정된 규범이다. 정치적 조건에 봉합된 철학들, 다시 말해 '낡은 마르크스주의'의 변종들은 주체가 대상성으로부터 '떠오른다'고 (일반적으로 당이라는 덕목을 통해 이루어지는 '즉자적 계급'에서 '대자적 계급'으로의 이행) 상정하거나, 또는 결국 대상성을 위해 주체를 해지하고(알튀세르에게 진리의 질료는 주체 없는 과정에 속한다), 주체를 부르주아 이데올로기의 단순한 실행자로 만들면서 역설적으로 하이데거에 합류한다(하이데거에게 '주체'는 기술 지배의 이차적인 가공이지만 우리는 실은 이 지배가 마찬가지로 부르주아의 지배인지 아닌지를 알 수 있다). 시에 봉합된, 더 일반적으로는 문학 즉 예술 그 자체에 봉합된 철학에 대하여 사유는 대상은 물론 주체에서도 벗어난다. 끝으로 라캉주의자들에게는, 주체 그리고 대상의 수용 가능한 개념들이 있다. 모두가 단 한 가지 지점에서 의견이 일치하는데, 그것은 철학적 근대성의 매우 일반적인 공리이기에 나는 단지 동조만 할 수 있을 뿐이다. 진리를 '주체와 대상의 일치'로 정의 내리는 것은 어쨌든 문제거리가 되지 않는다. 일치에 대해 실제로 비판을 행하는 것이 문제가 될 때는 모두가 서로 다른 입장을 갖는다. 왜냐하면 비판은 주체와 대상 사이에서 작동하는데, 사람들은 그 용어들(주체와 대상)의 지위에 대해서는 상대의 의견에 동의하지 않기 때문이다.

우리는 이 유형학이 빈자리를 남겨놓는다는 사실에 주목할 것이다.

즉, 이 자리는 주체 범주를 유지하지만 시인들에게 대상의 해지를 허락하는 사유의 자리이다. 그런 사유의 임무는 대상에 대한 언급을 배제함으로써만 유지되는 주체 개념을 생산하는 것이다. 말하자면 마주함 없는(sans vis-à-vis) 주체. 이 자리에 대한 평판은 나쁘다. 왜냐하면 그것이 버클리 주교의 절대적 관념론을 연상시키기 때문이다. 알게 되겠지만, 나는 그 자리를 차지하고자 애쓴다. 나는 철학의 가능한 재탄생에 비추어 대상 없는 주체의 문제를 중심으로 삼는다. 마치 지식에서 진리를 떼어놓는 탈대상화가 시인들의 시대를 확립했고, 따라서 실증주의적이고 마르크스주의적인 봉합들에 대한 결정적 비판을 확립했던 것처럼 말이다. 게다가 나는 오직 유적 절차라는 개념만이 주체를 대상 없는 후사건적 진리의 단순하고 유한한 파편으로 나타나게 하면서 진리의 탈대상화와 주체의 탈대상화를 포섭한다고 주장한다. 우리가 '데카르트적 성찰'을 재개할 수 있고, 동시에 고유하게 철학적인 충실성 즉 탈봉합된 충실성을 통해 시인들의 시대의 성과에 충실하게 남아 있을 수 있는 것은 오직 대상 없는 주체의 길 안에서이다. 확신하건대 첼란의 시가 우리를 호출하는 지점, 그리고 특히 존재에 가 닿는 것은 대상성이라는 열려 있는 왕도에 있지 않다는 관념과 감각적 제공물의 거짓된 연장에 대해 표식과 기입을 제거하는 것이 우위에 있다는 관념을 결합하는 이 신비한 명령이 우리를 호출하는 지점은 바로 사유의 그러한 운동으로이다.•

• 첼란의 시에 등장하는 '오솔길'은 대상 없는 주체의 길을 가리킨다. 바디우의 해석에 따르면 진리가 도래하는 것은 대상성이라는 왕도가 아니라 대상성의 지표로서의 표식과 기입을 제거하는 길을 통해서이다.

의미는 또한 도래한다

더 좁은 오솔길로

우리가 세운 표식들 중

가장 치명적인 것이

부숴버린

세 번째 문제는 식별 불가능한 것의 문제이다. 실증주의자들이 꿈꾸는 '정확한 언어'와 하이데거주의자들의 '시적인 말하기' 사이에는 언어의 본질에 대한 오해 이상의 것이 있음에도, 오늘날 언어의 지배력은 일반적인 도그마이다. 이는 하나의 심연이 미셸 푸코(Michel Foucault)의 전체적 유명론과 라캉의 상징계에 대한 교설을 분리하는 것과 전적으로 마찬가지이다.• 그럼에도 우리는 리오타르가 서양 철학의 '거대한 언어적 전회'라고 부르는 상황 속에 있기 때문에, 언어와 존재의 경계 위에는 아무것도 없다는 데 동의하고, 언어 속에 가능한 '존재의 모음'이 실존하거나 또는 존재하는 것은 단지 명명된 것이거나 그렇지 않으면 존재 그 자체는 언어에서 벗어난다는 데 동의한다. 그것이 의미하는 바는 그 언어가 시인의 언어이건, 무의식의 언어이건, 신의 언어이

• 바디우는 실증주의자와 하이데거주의자가 전혀 다른 방식으로 언어를 이야기하고 있지만 언어가 그들의 공통적인 출발점이라는 사실을 강조하며 푸코와 라캉의 이질적인 이론들을 대비시키고 있다. 이 두 사람에게 있어서도 언어는 공통의 출발점이다. 물론 양자의 이론에서 언어의 지위는 아주 다르다. 특히 라캉은 언어를 통해 유지되는 상징계의 질서를 이야기하지만 결코 상징화될 수 없는 실재를 그 이론의 중심에 놓고 있다.

건 다른 언어에 존재를 넘겨준다는 것이다.

이 지점과 관련하여 오직 수학만이 우리를 인도할 것이라는 점을 나는 이미 지적했다. 오늘날의 확신은 라이프니츠의 확신과 동일한 것이다. 만약 '식별 불가능한 것'이 언어로부터 벗어나는 것의 명시적 개념을 뜻한다면, 사유에는 식별 불가능한 것이 있을 수 없다는 것이다. 언어로부터 벗어나는 것에 대해서는 개념도, 사유도 있을 수 없다. 이것이 바로 라캉의 상징화할 수 없는 실재가 '공포'인 이유이며, 그럼에도 리오타르가 일어나는(advenir) 것으로서의 일어나는 것에 대해 '문장'이라는 이름을 부여하는 것이 필요하다고 믿는 이유이다. 〔이러한 주장에 따르면〕 사유는 명명 불가능한 것과 거리를 두는 것이 바람직하다. 비트겐슈타인은 『논리철학논고』의 끝부분에서 라이프니츠의 '식별 불가능한 것들의 원리'에 대해 오늘날 널리 합의되는 진술을 제시했다. "말할 수 없는 것에 대해서는 침묵해야만 한다." 그런데 우리는 코언의 연산 장치가 구성한 수학에서의 사건 이래로, 식별 불가능한 것의 개념을 생산하는 것과 이 개념에 포섭되는 다수성의 실존, 즉 '유적' 다수성의 존재를 특정한 조건 아래에서 확립하는 것이 분명히 가능하다는 것을 안다. 그러므로 말할 수 없는 것(분리하는 속성들을 그것과 일치시키는 것에 대해서도, 그것을 명시하는 것에 대해서도 말할 것이 아무것도 없다는 의미에서 말할 수 없는 것)에 대해 침묵해야 한다는 것은 아주 간단히 말해 틀린 것이다.• 반대로 우리는 그것을 명명해야 하며, 그것을 식별 불

• 명명 불가능한 것에 대한 비트겐슈타인의 입장은 유명론적이다. 반면 현대 집합 이

가능한 것으로 식별해야 한다. 만일 우리 자신이 수학적 조건의 효과들 안에 있다는 것을 받아들인다면, 우리는 더 이상 명명 가능한 것과 사유 불가능한 것 사이에서 선택해야 할 의무가 없다. 식별 불가능한 것의 명시가 언어 안에 있다는 사실과, 말로 표현할 수 없고 게다가 참아낼 수 없고 정신을 흩트리는 식별 불가능한 것의 '경험'만이 있다는 사실 사이에서 우리는 더 이상 망설이지 않는다. 왜냐하면 식별 불가능한 것은, 그것이 비록 언어의 분리하는 힘을 좌절시킬지라도, 여전히 실존에 대한 법칙을 논증적으로 제정할 수 있는 개념으로 제시되기 때문이다.

이런 점에서 대상과 둘에 대해 재검토하는 것이 가능하고, 우리의 세 가지 문제 사이에 존재하는 심오한 연관성을 보여주는 것이 가능하다. 만일 진리가 대상 범주를 필요로 하지 않는다면, 그것은 정확히 진리가 항상 무한한 절차의 결과로서, 언제나 식별 불가능한 다수이기 때문이다. 만일 둘이 정치 혹은 사랑의 모든 대상적 토대들에 낯설다면, 그것은 이 절차들이 그 부분집합들의 상황을 지배하는 것과 이 부분집합들을 '대립'시키는 것을 겨누고 있는 것이 아니라, 실존적 혹은 대중적인 그 부분집합들의 비식별을 겨누고 있기 때문이다. 이는 사랑이 삶을 보충하기 때문이지, 사랑이 삶을 다른 삶과 연결시키기 때문이 아니다. 또한 정치가, 그것을 정립하는 사건으로부터 출발하여, 제한할 수 없는

론의 진전은 식별 불가능한 것을 존재-로서의-존재의 존재 양식으로 간주할 수 있게 한다. 이에 대해서는 이 책 118쪽의 각주에서 이미 설명한 바 있다.

것을 제한하고, 사람들을 다수로 존재하게 만드는 경향이 있기 때문이다. 이 사람들의 공동체나 이해관계는 확립된 언어로는 포착할 수 없다. 마지막으로, 만일 둘이 상태가 아니라 생산이라면, 이는 일자가 군림하는 상황으로부터 둘이 점차로 구별해 내는 것이 '다른 일자'가 아니라 셈해지지 않았던 것의 내재적 형상이기 때문이다.

철학은 오늘날 대상의 해지와 둘의 심급의 전복, 그리고 식별 불가능한 것의 사유를 결합시켜야 한다. 철학은 오직 주체를 위해 대상성의 형식에서 빠져나가야 하고, 둘을 사건의 우연적이고 강인한 후예로 생각해야 하며, 진리를 정체 모를 것(quelconque), 이름 없는 것, 유적인 것으로 간주해야 한다. 이 세 가지 규정들을 결합시키는 것은 복합적 사유의 공간을 전제하는데, 이 사유 공간의 핵심적 개념은 대상 없는 주체의 개념이고, 존재 자체 안에서의 충실한 생성인 유적 속성(généricité)의 결과이며, 그 존재를 보충하는 사건의 결과이다. 만일 우리가 이러한 공간을 배치하는 데에 도달한다면, 그 공간은 철학의 네 가지 조건의 근대적 형상을 맞아들일 것이다.

그 형식에 관해서, 내가 제안하는 철학적 몸짓은 플라톤적인 것이다.

10

플라톤적 몸짓

시인들의 시대의 종말을 공식적으로 확인하는 것, 수학의 동시대적 형식들을 존재론의 벡터로 소환하는 것, 진리의 기능 안에서 사랑을 사유하는 것, 정치가 시작하는 경로를 기입하는 것, 이 네 가지 윤곽들은 플라톤적이다. 플라톤 역시 소피스트적 사유의 악의 없는 공범인 시인들을 철학을 수립하는 기획의 외부에 두고, 무리수의 문제에 대한 수학적 취급을 '로고스'라는 그의 시각에 통합시키고, 미와 이데아들을 향한 상승 속에서 사랑의 갑작스러움의 권리를 인정하고, 민주주의적 폴리스의 황혼을 사유한 것이리라. 여기에 다음과 같은 것을 덧붙여야 한다. 플라톤이 〔당시〕 근대성을 지니는 동시에 완고했던 소피스트적 사유의 전문가들을 대화 상대자로 삼은 것과 마찬가지로, 사유의 고전적 범주들과의 단절을 급진화하려는 시도는 오늘날 비트겐슈타인과 본질적으로 관련된 '위대한 소피스트적 사유'라고 부르기에 합당한 것을 정의한다. 언어와 이질적인 언어게임 속에서 그것이 갖는 가변성의 결정적인 중요성, 진리라는 개념의 적합성에 대한 의심, 예술의 효과에 대한 수사학적 근접성, 실용적이고 열린 정치. 이런 윤곽들은 그리스 소피스트들과 오늘날의 수많은 방향 설정들에 공통적이며, 또 왜 고르기아스 또는 프로타고라스에 바쳐진 연구와 언급들이 최근에 증가했는지를 설명한다. 우리는 또한 시대에 대해 소피스트적 엄격함이 가르치는 모든 것을 존중하면서 그 엄격함 자체를 비판해야 하는 의무와 맞닥뜨렸다. 젊은 플라톤은 소피스트적 사유의 교묘한 궤변을 넘어서야 한다는 것과 그런 궤변들의 곁에서 당시 문제들의 본질에 대해 배워야 한다는 것을 모두 알고 있었다. 우리 역시 마찬가지이다. 봉합의 시대와 철학이 새출발하는 시대 사이에서 진행되는 이행기에 소피스트들의 군림을 목격하게 되는 것은 아주 당연하다. 근대적이고, 언어적이고, 미학적이며 민주주의적인 위대한 소피스트적 사유는 〔철학을〕 청산하는 기능을 수행하고, 〔철학의〕 곤경을 검토하며, 우리에게 현재적인 것의 초상을 그려낸다. 자유사상가가 블레즈 파스칼(Blaise Pascal)에게 본질적이었던 것만큼, 소피스트적 사유 역시 우리에게 본질적이다. 즉, 소피스트적 사유는 우리에게 시대의 단독성들을 알린다.

(최초) 수학의, (배제된) 시의, (혁신된) 정치의 그리고 (사유된) 사랑의 반소피스트적 짜임. 내가 제안하는 철학적 몸짓은 플라톤적인 몸짓이다. 오늘에 이르기까지의 20세기는 반플라톤적이었다. 나는 매우 다양하고 매우 세분화된 철학적 학파들 속에서 반플라톤주의보다 더 널리 전파된 그 어떤 테마도 알지 못한다. 스탈린의 지시로 만들어진 철학 사전의 '플라톤' 항목에는 '노예 소유자의 이데올로그'라는 짧고 거

친 내용밖에 나오지 않는다. 그리고 사르트르의 실존주의는 본질들에 대항하는 논쟁 속에서 플라톤을 과녁으로 삼았다. 또한 하이데거는, 이데아의 명확한 분리 속에 여전히 그리스적인 것이 있다는 사실을 존중함에도 불구하고, 망각의 시초를 '플라톤적 전회'에서 찾는다. 그리고 현대 언어 철학은 플라톤에 반대하여 소피스트들의 편에 선다. 나아가 인권에 대한 사유는 전체주의로의 유혹이 플라톤에서 기원한다고 본다. 이는 특히 칼 포퍼(Karl Popper)의 영향을 받은 것이다. 또한 라쿠-라바르트는 플라톤과 미메시스의 모호한 관계에서 서구 정치가 갖는 숙명의 기원을 찾아 없애려 애쓴다. 플라톤이라는 쟁점을 갖는 반플라톤적 시퀀스, 불만, 해체들을 모두 다 열거하자면 끝이 없다.

철학이 시에 봉합되기 시작했을 때부터 플라톤주의는 이런 봉합의 주요한 금지 지점이었기 때문에, 당대적인 반플라톤주의의 위대한 '창시자'는 니체였다. 우리는 『선악의 저편』의 서문에서 니체가 내린 진단을 알고 있다. '우리가 의학에 대해 아주 조금만 알고 있다면, 고대의 가장 아름다운 인간들을 누가 플라톤이라는 이 질병에 감염시켰는지 자문할 수 있다.' 플라톤이란 서양의 정신적 질환의 이름이다. 기독교 자체도 '대중을 위한 플라톤주의'일 뿐이다. 그러나 니체를 환희에 차게 만들고, 마침내 '자유로운 정신'에 해방을 가져다준 것, 그것은 서양이 회복기에 들어서 있다는 사실이다. 즉 '그 악몽에서 벗어나, 유럽은 숨 쉰다.' 사실상, 플라톤주의의 극복은 시작되었다. 그리고 진행 중인 그 극복은 전례 없이 사유의 힘을 해방시킨다. 다시 말해 '플라톤에 대항하는 투쟁은 유럽에서 미증유의, 엄청난 정신적 긴장 상태를 만들어냈다.' '자유로운, 너무도 자유로운 정신', '좋은 유럽인들'은 그렇게 팽팽한 활을 손에 쥐고 있고, 화살과, 활을 다루는 기술 그리고 아마도 그 과녁 역시 소유하고 있다. 우리는, 그 정치적 고양이라는 피투성이의, 명명 불가능한 거짓말이 일소되고 나면, 그 '과녁'이 사유를 시에 무조건 넘기는 것이었음이 머지않아 드러나리라는 것을 안다. 유럽식 치료법의 적용이라는 관점에서, '플라톤 병'에 대항하는 니체의 논쟁은 진리 개념과 관련된다. 자유로운 정신이 사유의 지샘과 깨움을 되풀이하는 밤샘, 플라톤주의의 초상집에서의 밤샘을 보증할 수 있다는 것에서 출발하는 근본적 공리는, 진리의 추방 안에서 지탱된다. 즉 '판단이 거짓이었다는 것, 우리 생각에 그것은 그 판단에 대항하는 반론이 아니다.' 니체는 적대와 힘에 인도된 세기를 열었다. 플라톤 병의 주된 징후로 간주된 진리에 대한 준거를 완벽히 제거함으로써 플라톤주의로부터 치유되는 것, 이것은 우선 진리로부터 치유되는 것이다. 그리고 만약 플라톤주의자의 병약함을 숨기는 갑옷으로 간주되는 수학에 대한 단호한 증오를 동반하지 않는다면, 이 치유는 완전하지 않다. '스피노자가 침략자의 용기를 단숨에 얼어붙게 하기 위해 마침내 수학적 주문의 갑옷을 입혀 자신의 철학을 위장한 것에 대해 무어라 말할 것인가, 병든 은둔자에게 이러한 가면 무도회는 얼마나 많은 개인적 소심함과 허약함을 누설하는 것인가!' 경구와 단편들, 시와 수수께끼, 은유와 격언을 통한 철학, 동시대적 사유 안에 그처럼 많은 반향을 일으키는 모든 니체적 스타일은, 진리의 해지와 수학의 추방이라는 이중의 요구 안에 깊이 뿌리박혀 있다. 끝까지 반플라톤주의자인 니체는 플라톤이 시에 부여했던 운명, 수상쩍은 허약함, 사유의 질병, '가면 무도회'의 운명을 수학에게 지운 것이다.

니체가 승승장구했음은 의심의 여지가 없다. 그 시대가 플라톤주의로부터 '치유되었다'는 것, 그리고 가장 활력 있는 사유 속에서, 그 시대가 수학을 실증주의적 봉합의 궤변에 유기(遺棄)한 채 시에 봉합되었다는 것은 사실이다. 그 반대 증거는 우리에게 다음과 같이 주어진다. 공공연하게 플라톤적이면서 동시에 근대적이었던 위대한 사상은 1930년대의 알베르 로트만(Albert Lautman)의 사유가 유일했다. 그런데 이 사유는 처음부터 끝까지 수학에 의해 짜인 것이었다. 나치가 로트만을 살해함으로써 그 사유의 진행을 중단시킨 후, 그 사유는 오랫동안 묻혀 알려지지 않았다. 그 사유는 오늘날, 현 시점이 우리에게 요구하는 플라톤적 명제를 발견할 수 있는 지난 100여 년 사이의 유일한 거점이다. 만일 우리가 많은 수학자들의 자발적인 '플라톤주의', 특히 쿠르트 괴델(Kurt Gödel)과 코언, 그리고 물론 진리에 대한 라캉의 교설을 제쳐둔다면 말이다. 모든 것은 마치 니체의 발언이 시에의 봉합이라는 방식 속에서 반수학적인 동시에 반진리적인 20세기의 운명을 고정해 버린 것처럼 진행되었다. 오늘날 니체의 진단은 전복되어야 한다. 20세기와 유럽은 반플라톤주의로부터 마땅히 치유되어야 한다. 철학은 시대의 잣대에 비추어 진리 범주의 역사 속에서 새로운 단계를 제안하는 한에서만 존속할 것이다. 진리야말로 오늘날 유럽에서 새로운 관념이다. 그리고 플라톤에 대해서처럼, 로트만에 대해서도, 이 관념의 새로움은 수학을 가까이 함으로써 조명된다.

11

유적인 것

근대 철학자가 위대한 소피스트적 사유로부터 취하는 것은 다음과 같다. 존재는 본질적으로 다수이다. 이미 플라톤은 『테아이테토스』에서 소피스트적 명제가 근거하는 존재론이 존재의 다수적 유동성 속에 있었다는 점을 지적했으며, 옳든 그르든 간에 이 존재론을 헤라클레이토스의 이름으로 덮어버렸다. 그러나 플라톤은 일자의 권리를 남겨두었다. 우리의 상황은 더욱 복잡한데, 왜냐하면 우리는 위대한 근대 소피스트학파를 따라, 힘겨운 격변 이후 우리의 세기〔20세기〕는 일자를 부정하는 세기일 것이라는 점을 인정해야 하기 때문이다. 우리는 일자의 존재는 없다는 것, 다수는 무제한적 권위를 가진다는 것, 이러한 것들을 되돌릴 수 없다. 신은 실제로 죽었으며, 신에게 의존했던 모든 범주들 역시 존재에 대한 사유의 질서 속에서 죽었다. 우리의 통로는 다수의 플라톤주의라는 통로이다.

플라톤은 다수의 존재론의 난관에서 출발하여 소피스트적 사유의 언어적이고 수사학적인 변형을 파괴할 수 있다고 생각했다. 물론 이번에 우리는 언어의 유연한 처분 가능성(언어게임에 대한 비트겐슈타인의 이론)과 현시의 다수 형식(들뢰즈의 섬세한 기술(記述)적 탐색[enquête]) 사이의 연접을 만날 것이다. 그러나 취약 지점의 위치는 바뀌었다. 다시 말해 우리는 다수를 수용해야 하며, 오히려 언어가 구성할 수 있는 것의 근본적인 한계들을 표시해야 한다. 거기서 식별 불가능한 것의 문제가 갖는 결정적인 특성이 나온다.

주된 어려움은 진리의 범주와 결부되어 있다. 만약 존재가 다수라면, 진리 범주를 어떻게 구원할 것인가? 모든 플라톤적 몸짓의 진정한 무게중심인 구원 말이다. 진리가 있기 위해서는 우선 다수성의 일자가 발언되어야 하지 않는가? 또한 진리에 대한 판단이 가능하다는 것은 그러한 일자에 대해서가 아닌가? 게다가, 만약 존재가 다수라면, 진리가 존재를 가지지 않는다는 것을 배제했을 때, 진리 또한 다수여야 한다. 그러나 어떻게 진리의 존재 속에서 진리를 다수로 파악할 수 있는가? 다수를 단호히 주장하는 위대한 근대 소피스트적 사유는, 그리스 소피스트적 사유의 '상대주의자들'이 이미 그러했던 것처럼 진리의 범주를 포기한다. 역시 이 지점에서도, 니체는 삶의 다수적 힘이라는 이름으로 진리에 대한 소송을 개시한다. 우리는 존재의 사유에 있어 다수의 힘의 영역으로부터 벗어날 수 없기 때문에, 존재-로서의-존재의 환원 불가능한 다수성과 양립할 수 있는 진리의 교설을 어쩔 수 없이 제안할 수밖에 없다. 진리는 단지 다수의 단독적 생산일 수 있을 뿐이다. 요점은 이 다수가 언어의 권위로부터 벗어날 것이라는 점이다. 이 다수는 식별 불가능할 것이다. 또는 차라리 그것은 〔이미〕 식별 불가능한 것이 될 것이다.

여기서 중심적인 범주는 유적 다수성의 범주이다. 유적 다수성의 범주는 단독적인 절차의 다수-결과인 동시에 명명 가능한 것의 영역 가운데 있는 구멍 또는 뺄셈으로 진리를 사유할 수 있게 함으로써 다수의 플라톤주의를 확립한다. 그 범주는 진리를 포기하지 않고 언어적 변화의 구성적 성격을 인정하지 않고도 순수 다수의 존재론을 수용할 수 있게 해준다. 그 범주는 게다가 스스로 철학의 네 가지 조건들을 모아내고, 그것들이 공가능성으로서 자리 잡게 하는 사유 공간의 뼈대이다. 그 동시대적 상태(état) 속에서 시, 수학, 창안적 정치 그리고 사랑은 다수적인 상황 가운데 각 상황의 진리를 만드는 유적 다수의 실질적 생산체제에 다름 아닐 것이다.

유적 다수의 개념이 처음으로 생산되었던 것은 바로 수학적 활동의 영역에서이다. 사실상 이 개념은 거의 한 세기 전부터 미결 상태로 남아 있던 매우 기술적인 문제인 어떤 무한한 다수성의 '힘', 또는 순수 양과 관련된 문제를 해결하기 위해서 1960년대 초 코언에 의해 제안되었다. 우리는 유적 다수의 개념이 칸토어 이래로 '집합론'의 이름을 갖는 존재론적인 이론의 첫 단계를 마감했다고 말할 수 있다. 나는『존재와 사건』에서 순수 다수 이론의 수학적 확립과 오늘날의 철학을 재건할 수 있는 개념적 제안들 사이의 변증법을 철저하게 펼쳐냈다. 존재-로서의-존재에 대한 사유가 수학 안에서 완수된다는 일반적인 가설, 철학의 조건들을 수용하고 그 조건들을 공가능하게 만들기 위해서는 철학이 내가 '사건'이라고 지칭한 '존재-로서의-존재가 아닌 것'을 결정해야 한다는 일반적인 가설 아래에서 나는 그 작업을 수행했다. 유적 속성(généricité)의 개념은 상황을 보충하는 사건의 다수적 상황 내부에서 일어나는 효과들을 설명하기 위해서 도입되었다. 그것은 동시에 하나의 상황에 기입되고, 그 상황에서 모든 명명으로부터 불가역적으로 벗어난 우연을 일관적인 방법으로 엮어내는 어떤 다수성의 지위를 지칭한다. 한 상황의 조절된 일관성과 그 상황을 보충하는 사건적 우발의 이러한 다수적 교차는 매우 정확하게 그 상황의 진리가 차지하는 장소이다. 이 진리는 하나의 무한한 절차로부터 귀결된다. 그리고 진리에 대해 우리가 말할 수 있는 것은, 그 절차의 완성을 가정했을 때, 진리는 단지 유적이거나 식별 불가능한 것이리라는 점뿐이다.

여기서 나의 논점은 단지 유적 다수를 진리의 존재 유형이라고 생각하는 것이 왜 합리적인지를 지적하는 것이다. 하나의 다수가 주어진다고 해보자. 다시 말해 그 다수의 존재 전체가 순수 다수, 즉 일자 없는 다수라고 해보자. 그렇다면 어떻게 그 다수의 진리를 만들어내는 것의 존재를 사유할 것인가? 여기에 모든 문제가 있다. 현시하는 것의 끝없는 토대가 비일관성이기 때문에 진리란 현시의 일관성이 최종적으로 근거하고 있는 비일관성을 현시된 것의 내부로부터 현시된 것의 부분으로 도래하게 하는 것이리라. 일관성에서 최대한 벗어나는 것, 순수 다수를 지배하고 억압하는 규칙(내가 하나로-셈하기라고 부르는 규칙)에서 최대한 벗어나는 것은 단지 윤곽 없고, 가능한 명시적 명명도 없는, 특별히 '붙잡기 어렵고', 불분명한 다수일 뿐이다. 말하자면, 다수는 완벽하게 **정체 모를**(quelconque) 것이다. 만약 우리가 존재에 대해 다수의 권위가 무제한적이라는 것과 진리가 있다는 것을 동일한 방식으로 주장하려 한다면, 이 진리는 다음의 세 가지 기준을 따라야 한다.

—진리는 다수의 진리이어야 하고 일자의 초월성에 호소하지 않는 것이기 때문에, 진리는 이 다수의 내재적인 생산이어야 한다. 진리는 애초의 다수, 즉 진리가 있는 상황의 부분일 것이다.

—존재는 다수이기 때문에, 그리고 진리는 존재해야 하기 때문에, 진리는 다수일 것이고, 따라서 그 진리는 상황의 진리〔상황 속에 있는 진리〕로서 상황의 다수적 부분일 것이다. 알다시피 진리는 '이미' 주어졌거나 존재하는 부분일 수 없을 것이다.• 그 진리는 단독적인 절차에서 비롯될 것이다. 사실상, 이러한 절차는 단지 보충의 지점에서, 상황을 초과하는 어떤 것의 지점에서, 다시 말해 사건의 지점에서만 개시될 수 있을 것이다. 진리는 우연적인 보충(supplémentation)의 무한한 결과이다. 모든 진리는 후사건적이다. 특히 '구조적인' 진리 또는 객관적 진리는 없다. 상황 안에서 받아들여질 수 있는 구조적 언표에 대해 우리는 그것이 참(vrai)이라고 말하지 않고, 단지 옳다(véridique)고 말할 뿐이

• 존재가 일자로 환원될 수 없는 다수적인 것이고, 진리가 '존재하는 것'이라면 진리의 존재는 역시 일자일 수 없다. 진리는 그 상황의 다수로서 존재하고, 또한 모든 명명에서 벗어나기 때문에 상황에 존재하는 것으로 간주되지 않는다. 결국 일자의 효과가 지배하는 상황의 입장에서 볼 때 진리는 '출현'하는 것이다.

다. 이것들은 진리가 아닌 지식에 속한다.

—상황의 존재는 상황의 비일관성이기 때문에, 이 존재의 진리는 술어도 명명 가능한 단독성도 없이 정체 모를 다수성, 익명의 부분, 현시 그 자체로 환원된 일관성으로 현시될 것이다. 그렇게 진리는 상황의 유적 부분일 것인데, '유적인 것'은 진리가 정체 모를 부분이고, 상황에 대해 특수한 것을 전혀 말하지 않고, 단지 그 자체로서의 다수 존재, 상황의 근본적인 비일관성을 지칭하기 때문이다. 진리는 최소한의 일관성(부분, 개념 없는 내재성)이다. 그리고 그 일관성은 진리의 존재를 만드는 비일관성을 상황 속에서 확증한다. 그러나 처음에는 상황의 모든 부분이 단독적인 것, 명명 가능한 것, 일관성에 의해 조절된 것으로 현시되기 때문에, 진리인 유적 부분은 생산되어야 할 것이다. 이것은 유적 절차라고 불리게 될 후사건적 절차의 무한한 다수-지평을 구성할 것이다.

시, 수학, 창안적 정치 그리고 사랑은 매우 정확하게 유적 절차들의 가능하고 상이한 유형들이다. 다양한 상황들 속에서 이 절차들이 생산한 것(언어 자체 속의 명명 불가능한 것, 순수한 문자의 힘, 모든 명명 가능한 의지의 익명의 힘으로서의 일반의지, 그리고 결코 하나로 셈해지지 않는 것으로서의 성(性)의 둘), 이것은 유적 다수의 형태 아래에서 이 상황들의 진리일 뿐이다. 어떤 지식도 그 진리에 이름을 붙여줄 수 없고, 그 지위를 앞서 식별할 수 없다.

진리란 상황의 진리인데, 이 상황에 속한 유적 다수의 후사건적 생산과 같은, 그러한 진리 개념에서 출발하여, 우리는 근대 철학을 구성하는 세 가지 개념(triplet)인 존재, 주체, 진리를 되살려낼 수 있다. 존재-로서의-존재와 관련하여 우리는 수학이 단 하나의 가능한 사유를 역사적으로 구성한다고 말할 것이다. 왜냐하면 수학은 순수 다수의, 문자의 비어 있는 힘 속에서 술어 없는 다수의 무한한 기입이기 때문이다. 그리고 순수 다수는 주어진 것의 토대이면서 그 현시 가운데 포착된다고 말할 것이다. 수학은 실제적인 존재론이다. 진리에 대해서는, 진리가 사건이라는 그 단독적인(singulière) 보충에 달려 있다고 할 것이다. 그리고 진리의 존재, 즉 모든 존재하는 것의 존재로서의 다수는 유적이고 식별 불가능하며 정체 모를 부분의 존재이며, 이러한 부분은 그 다수성의 익명성 안에서 다수를 실현하면서 진리의 존재를 발언한다고 말할 것이다. 마지막으로 주체에 대해서, 우리는 주체가 유적 절차의 유한한 계기라고 말할 것이다. 그러한 의미에서 주목할 만한 것은, 주체는 유적 속성을 가진 네 가지 유형들 중 한 유형의 고유한 질서 속에서만 실존한다고 결론지어야 한다는 점이다. 모든 주체는 예술의 주체이거나 과학의 주체이거나 정치의 주체이거나 사랑의 주체이다. 게다가 이는 누구나 경험을 통해 알고 있는 것인데, 왜냐하면 이러한 목록 외에는 단지 실존이나 개별성만이 있을 뿐 주체는 없기 때문이다.

다수로 향하는 플라톤적 몸짓의 개념적 핵심에 있는 유적 속성은 철학의 동시대적 조건들의 기입과 공가능성을 기초 짓는다. 창안적 정치에 대해서, 그것이 적어도 1793년부터 존재해 왔다고 할 때, 역사적이고 사회적인 밀도 속에 인류의 유적 속성과 신분의 해체, 차별적이거나 위계적인 표상들의 파괴, 공산주의적 단독성들에 대한 가정(假定)을 표시하는 그 정치는 오늘날 평등주의적이고 반국가적일 수밖에 없다는 것을 우리는 알고 있다. 시에 대해서 우리는 도구적이지 않고 모두에게 제공되며 분리되지 않은 언어(langue inséparée)를, 다시 말해 말(parole) 자체의 유적 속성을 기초 짓는 말을 시가 탐험한다는 것을 알고 있다. 수학에 대해서 우리는 수학이 그 어떤 현시 속에서도 구별되지 않는 다수를, 다수-존재의 유적 속성을 포착한다는 것을 알고 있다. 끝으로 사랑에 대해서 우리는 사랑이란 만남을 넘어서 사랑이 기초 짓는 순수한 둘에 대해 충실하다고 선언하고, 남성과 여성이 있다는 유적 진리를 만들어낸다는 것을 알고 있다.

철학은 오늘날 유적인 것 그 자체에 대한 사유이다. 그것은 시작되고 있고, 시작되었다. 다음과 같은 이유에서 말이다. '과거의 어두움처럼, 정체 모를 화려함이 펼쳐지리라.'

옮긴이의 말

『철학을 위한 선언』의 첫 한국어 번역이 출판된 지도 15년이 되었다. 당시 이 책은 바디우의 저서 중 한국어로 번역된 첫 번째 책이었지만, 사람들의 관심을 거의 끌지 못하더니 언제부터인가 더 이상 시중에서 구할 수 없게 되었다. 이러한 가운데 도서출판 길에서 이 책의 저작권을 정식으로 구입해 다시 번역해 출간할 의사를 보여 왔고, 나는 별다른 고민 없이 그 번역 제안을 받아들였다. 그럴 수 있었던 것은 이 작은 분량의 책이 갖는 중요성 때문이었다. 해제에서도 충분히 밝힌 것처럼 『철학을 위한 선언』은 바디우의 저작들 중에서도 상당히 큰 중요성을 갖는 책이다. 1988년에 출판된 『존재와 사건』에서 드러난 바디우의 철학적 시도의 배경을 이해하는 데 필수적인 글이 바로 『철학을 위한 선언』이다. 또한 이 책은 이후 바디우 철학이 진행되는 방향을 예고하는 신호탄이기도 하다. 그렇다. 이 책은 다름 아닌 '철학적 선언'이다. 당시의 철학적 국면에 대한 개입일 뿐만 아니라 이후의 철학이 나아가야 할 바를 천명하는 선언이라는 점에서 이 책의 중요성은 아주 크다. 바디우의 철학을 이해하기 위해 반드시 건너야 하는 강이 바로 『철학을 위한 선언』인 것이다.

『철학을 위한 선언』은 나에게 무척 각별한 책이다. 이 책을 처음 손에 넣은 것은 프랑스에 간 첫 해인 1992년의 가을이었다. 문맹에서 갓 벗어나 프랑스어를 더듬더듬 읽을 때였는지라 감히 읽을 생각을 못하고 집에 처박아 두고 있었다. 그러다 이 책을 읽은 것은 1994년으로 기억된다. 바디우의 저서 중 가장 먼저 정독을 시도한 책이었지만, 그것을 다시 책장 한구석으로 밀어버리는 데는 오랜 시간이 필요하지 않았다. 내가 이 책을 다시 읽은 것은 그로부터 한참 후인 1997년이었고, 그제야 대략의 틀을 이해했던 것 같다. 바디우를 지도교수로 삼은 후에도 이 책은 나를 괴롭혔다. 무척 압축적인 문장들로 채워진 이 책은 세부적으로 많은 문제를 제기하는 책이었고, 나는 그 문제를 하나하나 상대해 나가야 했다. 아주 작은 책이지만, 그 안에는 예상을 훨씬 뛰어넘는 풍부한 내용이 담겨 있었다. 나는 많은 문제를 이 책 속에서 발견했고, 그중 하나가 바로 나의 박사 논문 주제가 되었다. 이 책의 제9장에서 바디우가 아주 간단하게만 언급하고 넘어갔던 '마르크스주의적 대상성'의 문제를 제대로 파헤쳐 보기로 했던 것이다. 나는 확실히 무엇인가를 준비하고 있었던 것 같다. 확실한 정리를 통해 나의 이론적 의식을 청산하려는 것이었을까? 또는 새로운 시작을 위해 옛것을 냉정하게 돌아보고자 했던 것일까? 그때는 그런 생각을 하지 않았다. 그저 이미 시작한 공부를 끝내고자 노력했을 뿐이다. 그러나 논문을 쓰고 난 후

나는 더 이상 마르크스주의에 매달리지 않게 되었다. 좀 더 냉정하게 그것을 바라볼 줄 알게 되었고, 그렇게 나는 나의 굴레에서 벗어나게 되었다. 이 책은 나로 하여금 내 사유의 주인이 되게 했다는 점에서 나에게 무척 각별한 책이다.

오늘날 한국에서 이 책이 어떠한 공헌을 할 수 있는가? 이것은 내가 번역을 하며 가장 많이 고민했던 문제이다. 철학이 완전히 고사했다고 말할 수 있는 것이 오늘의 현실이라면 더 고민할 것도 없이 이 책이 나름의 역할을 할 수 있으리라 믿는다. 철학이 인류의 발전에 공헌해 온 바는 상상 이상으로 크다. 그동안의 철학은 실제적으로 인간에 대한 사유를 추동해 왔고, 역사가 나아가야 할 방향을 여러 가지 방식으로 제시해 왔다. 물론 그것이 모두 긍정적이기만 했던 것은 아니다. 오히려 많은 문제를 낳기도 했다. 그러나 그렇다고 해서 철학이 종말을 고해야 하는 것은 아니다. 철학의 종말을 이야기하는 철학조차도 새로운 철학의 방향을 세우는 것을 보면, 철학은 끝나는 것이 아니라 끊임없이 다시 시작하는 것이다. 이 책이 겨누고 있는 것도 그것이다. '철학의 새로운 출발'을 주장하는 바디우는 전통 철학에서 벗어나 철학을 일신하기를 원한다. 그래서 바디우의 철학은 항상 문제적이다. 바디우는 여러 철학적 범주를 새롭게 창안하거나 전환시킨다. 실제로 그의 사유는 고대 철학에서 포스트-근대 철학에 이르는 철학사 전체에 대한 전면적인 비판을 포함한다. 오늘날 우리에게 필요한 것은 바로 이러한 건설적인 사유일 것이다. 이제 철학은 이전의 방식으로는 생존하기 힘들다. 철학은 변해야 한다. 특히 아카데미즘을 지향하는 철학이 아닌 현실 속에서 숨 쉬고자 하는 철학이라면 이러한 변화의 필요성을 부인하지 못할 것이다. 철학은 오늘의 현실에 대해 말해야 하고, 그것에 대한 가장 날카로운 비판을 수행해야 한다. 오늘날 한국의 상황은 그것을 더욱 절실하게 요구하고 있다.

80년 5월 광주에서 출발한 한국 사회에 대한 근본적인 성찰은 오래전 중단된 것처럼 보인다. 그 정치적 · 이론적 유산들은 실전되었고, 이제는 '무엇을 할 것인가'라는 질문이 무색할 지경이다. '신자유주의'라는 어정쩡한 기표로 표시되는 오늘의 현실은 가장 비판적이어야 하고 가장 확실히 깨어 있어야 할 청년들을 '취직 좀비'로 만들고 있고, 가장 진지하게 삶을 고민해야 할 지식인들을 '지식 장사꾼'으로 전락시킨다. 대학은 대기업을 필두로 한 자본의 인력 공장, 그들의 '하청 기업'으로 자리매김했다. 재벌이 차지한 재단이 주도하는 대학 개편에 반대하는 학생들이 잔혹한 방식으로 출교 당했을 때, 그들의 편은 사실상 없었다. 단지 학교의 정책에 반대하여 그것에 지속적으로 저항했을 뿐인 학생들이 학교에서 영원히 쫓겨났으나, 이 사회의 구성원들은 그들의 문제를 그저 멍하니 바라보고만 있었다. 그 학생들의 대다수 동료들은 그저 남의 일인 양 그 앞에서 눈을 감았고, 그들의 스승이라는 사람들 역시 학교의 눈치만 보며 주저했을 뿐이다. 이것은 특정 학교의 일이 아니다. 이와 유사한 일이 우리 사회 도처에서 매일 벌어지고 있다.

철학을 하는 지식인의 역할은 오늘날 벌어지고 있는 이런 사태들을 정확히 파악하고 그것을 가능하게 하는 근원적인 지점이 어디인가를 포착해 내는 것일 터이다. 그것은 분명 순수한 아카데미즘의 형식을 따를 수도 있다. 그러나 그러한 시도의 효과는 아카데미즘을 훨씬 넘어선다. 아카데미즘을 그토록 신봉하는 한국의 학자들이 얼마나 그러한 아카데미즘에 충실했는지는 미지수이다. 오히려 오늘날 그 아카데미즘마저도 대학에서 사라지고 있다. 만약 한국의 학자들이 진실로 아카데미즘에 충실했다면 오늘날 인문학에 가해지는 명백한 차별은 없을지도 모른다. 설령 차별이 있다 하더라도 지금과 같은 노골적인 무시는 당하지 않았을 것이다. 현실을 지향하는 학문은 절대 무너지지 않는다. 아무리 무용하더라도, 그 학문적 노력이 현실에 뿌리박고 현실을 지향한다면, 적어도 그 학문은 오늘날의 시류에 더 효과적으로 대항할 수 있는 힘을 가질 것이다. 지금 한국의 철학적 지식인에게 필요한 것은 현실에 대한 치열한 고민이다. 무엇에 써먹을 철학을 생각하는 것보다 모든 현실을 근본적으로 바라보는 철학이 가장 필요한 시점이 바로 오늘이라고 나는 믿는다.

사설이 좀 긴 느낌이 있지만, 이는 『철학을 위한 선언』의 문제의식과 분명히 연결되어 있는 것이다. 바디우는 현실에 대해 말한다. 수학을 메타철학으로 삼는 그의 철학은 사변적이라고 비판받을 수도 있다. 그러나 바디우의 철학에서는 그 사변조차도 철저히 현실을 가리킨다. 이 책을 읽을 때, 항상 현실의 문제를 생각하라는 말을 독자에게 전하고 싶다. 바디우의 철학에서 현실과 유리된 것은 아무것도 없으니까 말이다. 정치적 사건의 명명이 완수되지 않았다는 바디우의 언급 속에서, 독자들은 우리의 80년 5월 광주를 떠올릴 수 있을 것이다. 과연 '광주

민주화운동'이라는 제도화된 명명이 그 사건의 정당한 이름인지, 1980년대 한국에서 일어난 모든 사건을 규정하는 이 최초의 사건이 그런 명명에서 벗어나야 한다면 그것은 왜인지, 그것을 다른 이름으로 명명한다면 그것은 무엇이어야 하는지……. 비단 정치뿐 아니라 예술, 과학, 사랑에 대해서도 마찬가지 생각들이 가능할 것이다. 바디우의 철학은 항상 현실에서 출발하여 현실로 돌아간다.

사실 바디우는 오늘날 환영받기 힘든 철학자이다. 그는 포스트-근대가 아닌 근대의 계승을 이야기하고 있기 때문이다. 그는 예술 지상주의에 반대하고, 주류 여성주의자들과 대립하고, 대상 없는 과학으로서의 수학을 옹호한다. 이 책에서 볼 수 있듯이 그는 죽은 것으로 간주되는 플라톤을 다시 호출하기까지 한다. 오래전에도 쓴 내용이지만, 그는 시류를 거스르는 철학자이기 때문에 오늘날 각광받기 힘들다. 그래서 참 다행이다. 오래갈 테니 말이다. 시류에 편승하는 사상은 그 시류가 끝나면 사라지기 쉽다. 그러나 시류를 거스르며 나아가는 사상은 끊임없는 자기 단련과 성찰을 통해 새로운 것으로 거듭나고, 결국에는 살아남는다. 나는 바디우의 철학이 그러한 단련과 성찰의 과정을 통과하고 있다고 믿는다. 그리고 그것은 동시에 나의 일이기도 하다. 서두르지 않고 천천히 앞으로 나아가다 보면, 전미래 시제의 하루가 내 뒤로 이미 지나가 있지 않을까?

이 책의 번역은 그러한 과정의 일부라고 생각한다. 사실 그 계기는 무척 단순한 것이었다. 대학원에 막 입학한 한국외대 철학과 학생들과 곧 대학원에 입학할 학생들의 프랑스어 실력을 향상시키기 위해 2008년 여름에 진행되었던 프랑스어 강독 모임의 교재로 나는 이 책을 골랐다. 생각해 보면 정말 악마적인 결정이었다. 학생들은 그 찌는 여름 내내 바디우의 어렵고도 압축적인 문장에 시달려야 했다(그들에게 정말 미안하다). 그도 그럴 것이 그들은 프랑스어에 관한 한 완전한 초심자들이었다. 그 과정을 통해 이 책을 번역하기란 그야말로 난관 그 자체라는 생각을 굳히게 되었다. 압축적인 문장과 과감한 생략, 이어지는 테제들의 함축성 등은 그 글을 우리말로 옮겨놓고 보더라도 무슨 말인지 알 수 없게 하는 극단적인 난관들이었다. 그때 조금씩 번역의 필요성을 느끼게 되었던 것 같다. 나의 그런 생각을 어찌 알았는지 그해 겨울 도서출판 길에서 나에게 번역을 제안했고, 나는 그것을 받아들일 수밖에 없었다. 워낙 많은 것들을 뒤로 미루고 있었던지라 더 이상은 거절할 명분이 없었다.

번역을 좋아하지도 않고, 번역에 소질도 없는지라 여기저기 신세만 많이 졌다. 그래서 감사할 사람은 참 많다. 우선 최초의 강독에 참여했던 대학원생들인 김성준, 김현구, 박정숙, 조꽃씨, 조현경, 황재민 등에게 감사의 말을 보낸다. 그들과 함께한 강독이 아니었다면 나는 이 책을 번역할 생각도 하지 않았을 것이다. 또한 이 번역의 교열 과정을 함께한 고려대의 강용훈, 김남혁, 송종원, 염인수 등에게도 무한한 감사를 표해야 한다. 그들 덕에 나의 투박하고 어색한 번역이 깔끔한 우리말로 다듬어질 수 있었다. 특히 이 작업은 그들과의 두 번째 공동 작업이라는 점에서 의미가 깊다. 이 번역의 교열은 제이슨 바커의 『알랭 바

디우: 비판적 입문』(이후, 2009)에 이은 두 번째 집단 교열 작업이었고, 그 작업은 앞으로도 계속 이어질 것이다. 무엇보다 번역에 관한 한 경희대 민승기 선생님의 도움을 빼놓을 수 없다. 몇몇 번역어의 오류를 지적해 준 것도 그였고, 까다로운 번역어의 선정에 결정적인 도움을 준 것도 그였다. 그에게 보내야 하는 감사는 항상 그 기표를 초과하는 것이다. 그리고 그 초과분은 그야말로 고정할 수 없는, '방황하는' 초과분이다. 말로 감사를 다할 수 없기에, 그 빚은 갚을 수 없는 빚이다. 마지막으로 이 책의 출간을 결정한 도서출판 길의 박우정 사장님과 이승우 실장, 그리고 게으른 역자의 불성실함을 인내하고 책을 깔끔하게 교정해 준 천정은 과장에게 또한 우정과 함께 감사의 말을 전한다. 이 번역의 모든 부족함은 나의 것이고, 그런 와중에도 공헌한 것이 있다면 그것은 모두 그 고마운 이들의 것이다. 이제 이 부끄러운 번역을 내놓는다.

2010년 6월 이문동에서

서용순

찾아보기

| ㅊ |

| ㅋ |

| ㅌ |

| ㅍ |